선택받지 못한

개의 일생

번식장-경매장-펫숍으로 이어지는
반려 산업의 실체

선택받지 못한

개의 일생

신소윤 · 김지숙 지음

다산
북스

개가 대접받는 사회를 위해

_ 단국대학교 의과대학 교수 서민

버려진 개의 눈빛은 늘 불안해 보인다. 혹시나 해서 이곳저곳 다녀보지만, 그들이 편히 쉴 곳은 어디에도 없다. 참고 기다리면 좋은 날이 오지 않을까 한 자락 기대를 걸어보지만, 그 개가 맞이할 운명은 그리 아름답지 않다. 차에 치여 죽거나 병에 걸려 죽거나 혹은 개장수에게 잡혀 개고기가 되거나. 그것도 아니면 유기동물 보호소에서 안락사를 당하거나. 이것이 그 개가 갖는 선택지의 거의 전부다. 그럴싸한 가정에 입양될 때만 해도 그 개는 이런 운명을 맞을 줄 꿈에도 알지 못했으리라. 죽어가면서 그 개는 이렇게 생각할지 모른다.

내가 무슨 잘못을 한 걸까? 아무리 생각해도 답이 나오지 않는다. 자신은 그저 주인을 맹목적으로 사랑하며 꼬리를 흔들어댄 것이 전부일 테니까.

문제는 이런 개들이 너무 많다는 점이다. 2018년 각 지자체의 동물보호센터가 구조한 개는 9만 마리, 하루 200마리 이상의 개들이 구조되었다는 뜻이다. 전국의 유기동물 보호소가 항상 포화 상태인 것은 어쩌면 당연한 일이다. 왜 이런 일이 생기는 걸까? 경제학 중 유일하게 아는 '세의 법칙'을 가지고 이 현상을 설명해보려고 한다. 세의 법칙은 "공급은 그 스스로의 수요를 창조한다"는 내용을 골자로 하는 경제학 이론이다. 현재 우리나라의 반려견은 총 660만 마리로 추정된다. 나처럼 여섯 마리를 키우는 집도 있겠지만, 한 마리를 키우는 집이 대부분일 것이다. 개를 기르는 데는 시간과 돈이 필요하다. 적어도 일주일에 3~4회는 산책을 시켜야 하고, 사료와 간식을 챙겨줘야 하며, 아플 때는 병원에도 데려가야 한다. 우리나라의 가구 수를 대략 2천만이라고 잡을 때, 그렇게 할 수 있는 집이 30퍼센트 이상이라는 게 믿어지는가? 내가 세의 법칙을 언급한 건 이 때문이다. 개들이 적정선보다 훨씬 싼 가격으로 시장에 나오니 개를 키울 능력이 없는 이들까지 개를 구입하고 있다는 의미다. 실제로 번화가를 걷다 보면 펫숍 진열장에 쌔근쌔근 잠든 강아지들을 쉽게 만날 수 있다. 그 귀여움에 이끌려 펫숍에 들어가 값을 물어보면 놀라우리만큼 싸다. 사람들은 이렇듯 쉽게 개를 사고, 개가 걸림돌이 되는 순간 미련 없이 개를 버린다. 20만 원을 주고 개를 샀는데 치료비가 100만 원이라면, 치료비를 내는 것이 당연히 손해처럼 느껴지지 않겠는가?

그런데 그 귀여운 개가 어떻게 그리 싼 가격에 시장에 나올 수 있었을까? 그 비밀을 알아내기 위해 〈한겨레〉의 동물 뉴스 팀 애니멀피플이 역사에 남을 탐사 보도를 시작했다. "우리는 취재를 위해 펫숍을 개업할 준비를 했고, 사무실을 얻었다. 경기도의 한 관청에서 동물판매업 허가 절차도 밟았다." 그들이 이런 번거로운 작업을 감내한 이유는 일반인의 접근을 철저하게 막고 있는 반려 산업의 폐쇄성 때문이었다. 그럴 법도 했다. 취재 팀이 직접 목격한 반려 산업 현장은 지옥을 방불케 했으니까. 번식장에서는 개들이 네 발로 서 있기조차 힘든 뜬장에서 서로 뒤엉켜 아비규환을 이루고 있었다. 잘 먹는 것은 고사하고 최소한의 생존조차 보장받지 못한 개들은 그런 환경에서 끝없이 새끼를 낳다 죽어갔다. 그들은 제발 이 지옥에서 자신들을 구해달라는 듯 끊임없이 짖어댔다. 반려견의 유통 구조에 대해 누구보다 잘 아는 이들로 꾸려진 취재 팀이었지만 직접 현장을 목격한 취재 팀이 받은 충격은 일반인의 그것과 크게 다르지 않았다. 우리가 펫숍에서 보는 귀여운 강아지들은 대부분 이런 환경에서 만들어진 개들이다. 이 개들이 건강상 문제를 가지고 있는 건 당연한 일이다. 예컨대 내가 기르는 강아지 중 유일하게 펫숍에서 데려온 페키니즈 '미니미'는 턱관절에 기형이 있어 혀가 옆으로 비뚤어졌고, 입을 제대로 닫지 못해 항상 침을 흘린다. 우리가 데려오지 않았다면 미니미의 운명이 어떻게 되었을지 상상만 해도 끔찍하다.

이 책에 따르면 농림축산검역본부 동물보호관리시스템에 등록된 동물생산업체는 1,477곳이지만 무허가 업체를 포함하면 3~4천여 곳이 넘는다. 이곳에서 연간 46만 마리의 개들이 생산되고, 번식장을 유지하는 데 돈을 거의 쓰지 않는데다 개체 수까지 많으니 개 값은 싸질 수밖에 없다. 해결책은 없을까? 물론 있다. 펫숍에서 개를 사고파는 행위를 전면 금지하는 것이다. 번식장에서 만들어진 개들은 경매를 통해 펫숍으로 들어가 사람들에게 팔린다. 최종 단계인 펫숍에서의 매매가 줄어든다면 공급을 담당하는 번식장도 감소할 것이고, 버려지는 개들도 줄어들지 않겠는가? 반려견의 천국인 독일을 비롯해 웬만한 선진국들이 동물 펫숍 판매를 금지하는 것은 이 때문이다. 그래서 취재 팀은 외친다. "사지 마! 팔지 마! 버리지 마!"

취재 팀의 땀과 눈물이 담긴 보도는 〈한겨레〉에 연재되며 뜨거운 반향을 불러일으켰다. 하지만 안타깝게도 주무 부서인 농림축산식품부를 움직이고 반려 산업을 정화하는 단계까지는 이르지 못했다. 신문을 안 읽는 시대이다 보니 그 위력이 과거보다 떨어진 탓일까. 취재 결과물이 일정한 간격으로 띄엄띄엄 연재되다 보니 '분노 게이지'를 한 번에 상승시키는 데 힘이 달리기도 했다. 그래서 나를 비롯한 독자들은 이 기획 기사가 책으로 정리되어 나오기를 기대했는데 취재 팀과 다산북스가 이 기대에 부응해주었다. 반려인들은 물론 언젠가는 개를 키우겠다고 마음먹은 이들에게 이 책이 널리 읽히길 빈다. 이런 책이 많이 팔리고 읽힌다면 반려동물 충동구매와 유기로 이어지는 악순환을 끊을 수 있을지도 모르니까. 그래서 10년쯤 후에는 이 책이 '반려 산업의 일대 혁명을 가져온 책'이 되었으면 좋겠다. 이 책의 출판사 수익금과 저자들의 인세 일부가 유기동물을 위해 동분서주하는 동물보호단체에 기부되기까지 한다니 일단 사고, 주위에도 적극 권하자. 개가 대접받는 사회라야 사람도 잘 대접받는 법이니 말이다.

어떤 개도 사고팔리지 않는 세상을 향해

_동물해방물결 공동대표 이지연

사회심리학자 멜라니 조이는 육식주의를 해부하는 자신의 저서에서 "우리는 왜 개는 사랑하고 돼지는 먹고 소는 신을까"라고 물었다. 돼지와 소의 상황을 보여주기에는 더할 나위 없이 좋은 질문이지만 개의 처지에서 생각하면 어딘가 부족하다. 사실 가려진 곳에서는 개들도 인간의 왜곡되고 일방적인 '사랑'에 깔리고 눌려 죽는 일이 다반사이기 때문이다. 사고팔리다 운이 나쁘면 버려지고, 학대당하고, 죽는 것. 그것이 지금 이 세상 개들의 운명이다.

그래서 〈한겨레〉 동물 뉴스 팀 애니멀피플이 반려동물 생산판매업(번식장, 경매장, 펫숍) 현장에 직접 잠입해 해당 업계를 심층 취재한다는 소식을 들었을 때 그렇게 반가울 수가 없었다. 동물 해방 운동을 하면서도 개에 대해서는 식용 금지를 외치느라 미처 못 하고 있던 일이다. 개들을 고통스럽게 하기는 식용 산업이나 반려 산업이나 매한가지인데 말이다. 외국에서는 개 식용 반대 운동을 할 이유가 없기 때문에, 곧바로 퍼피밀(강아지 공장) 또는 펫숍 철폐를 위한 운동에 집중할 수 있다. 매년 무려 100만 마리의 개들이 도살당해 먹히는 한국에서는 어림도 없는 일이다.

농림축산검역본부의 〈2018년 동물보호에 대한 국민의식 조사 결과〉에 따르면, 이제 우리나라에서 반려동물과 함께 사는 가구의 비율은 23.7퍼센트에 이른다고 한다. 넷 중 한 가구는 개나 고양이와 함께 사는 셈이다. 관련 연구는 반려 인의 수와 반려동물의 마릿수가 2000년대 들어 빠르게 증가했음을 보여준다. 그런데 '반려동물 인구 천만 시대'라 불리는 지금, 반려동물에 대한 우리의 인식은 그만큼 발전하고 있을까?

사람들은 개와 고양이를 잘 안다고 생각한다. 길에서 마주치니 익숙하고 가족이, 친구가, 또는 내가 직접 키우니 친숙하다. "너무 예쁘다"라거나 "귀엽다", "순하다", "나도 반려 동물이 있었으면 좋겠다" 등의 칭찬과 바람이 자연스럽게 나온다. 그런데 막상 "이 개는 어디서 왔어?"라고 묻는 사람은 많지 않다. 묻더라도 한 단계 더 나아가서 "그럼 그 펫숍은 이 개를 어디서 데려왔대?"라고 묻는 경우는 더더욱 없다. 반려인이 먼저 입양 이야기를 꺼내지 않는다면 말이다.

거리를 걷다 보면 반려인과 함께 산책하는 개를 심심치 않게 마주친다. 하루에 꼭 한 번씩은(대부분은 그 이상) 볼 정도로 이제 한국에는 반려견이 정말 많다. 반듯하게 미용을 받은, 소위 '품종견'이라 부르는 개들을 볼 때면 나도 모르게 미소를 짓다가도 직업병처럼 한 가지 생각을 머릿속에서 떨쳐낼 수 없다. "저 개는 어디서 왔을까? (보호소에서) 입양된 거라면 좋을 텐데." 물론 한 번도 직접 물은 적은 없다. 상대가 무례하게 느낄 만한 질문이니까.

이런 세태 속에서 반려동물을 사고파는 산업의 실상은 묻히고 가려진다. 굳이 신경 쓰고 싶지 않은 성가신 허상처럼 치부된다. 그러나 절대 무시해서도 부정해서도 안 된다. 그 산업은 분명히 있다. 우리는 이 사실을 마주해야 한다. 이 산업은 실제로 존재하며 이 땅의 개와 고양이를 끊임없이 고통스럽게 하고 있다. 이 책에 담긴 애니멀피플의 반려동물 산업 취재기는 이를 가감 없이 보여주고 들려준다.

흔히 핵가족화, 1인 가구 증가, 고령화 등에 따른 반려동물의 수요 증가를 '반려동물 인구 천만 시대'가 도래하게 된 배경으로 꼽지만, 그 수요를 떠받치고 부추기며 눈덩이처럼 불린 것은 개와 고양이를 물건인 양 상품화시켜 대량생산, 판매해온 반려 산업이다. 정부가 손 놓은 사이 형성된 '반려동물 시장'은 동물을 쉽게 사고파는 그릇된 문화를 만들었고, 이는 결국 감당하지 못할 정도의 빈번하고 심각한 동물 학대와 유기 문제로 이어졌다.

농촌경제연구원은 매년 46만 마리의 개와 23만 마리의 고양이가 '반려용'으로 번식, 판매된다고 추정하고 있다. 매년 10만 마리가 넘는 동물이 유기되어 난리라는데, 해마다 근 70만 마리의 동물이 새로 탄생하고 있다니. 그렇다면 유기 동물 통계에 잡히지 않는 개와 고양이는 과연 제대로 보호되고 있을까? 행복한 삶을 살까? 아무도 확신하지 못할 것이다.

반짝반짝한 펫숍의 유리장 또는 SNS 계정에서 수천, 수만의 하트를 받는 개들의 사진 이면에는 반려동물 산업의 기형적인 실상이 있다. 안타깝게도 동물이 착취되는 현장은 늘 사람들의 눈에서 떨어진 곳에 숨어 존재한다. 그곳까지 달려가 '선택받지 못한 개의 일생'을 직접 관찰하고 독자에게 전달한 애니멀피플의 두 기자에게 감사하다. 합법이 됐든 불법이 됐든, 개와 고양이를 상품과 돈으로 여기는 산업이 존재하는 이상 동물은 계속해서 고통받을 것이라는, 당연하지만 쉽게 드러나지 않는 사실을 실증적으로 보여주는 본 취재 기록에도 감사하다.

이 책을 읽은 모든 독자가 부디 반려동물을 사지도, 팔지도, 버리지도 않기를 바란다. 현실을 알고 나면 그럴 수밖에 없으리라. 또한 반려동물의 고통을 줄이는 보다 근본적이고 획기적인 해결책에도 동의해주길 바란다. '번식장-경매장-펫숍'으로 이어지는 생산과 판매의 고리를 하나씩 끊고 철폐해나가는 것. 그것은 우리의 외로움을 달래기 위해 곁에 둔 동물에 대한 아주 기본적인 예의다.

절망에서 희망으로

_《히끄네 집》작가 이신아

반려동물과 함께 살게 되면 그 작은 존재를 돌보는 데 손이 얼마나 많이 가는지 알게 된다. 잘 먹이고 잘 재우고 잘 놀게 하는, 이 모든 과정이 무시되는 강아지 번식장과, 경매장, 펫숍의 이야기를 마주하기 위해 첫 장을 펼치기까지 나름의 용기가 필요했지만, 마지막 장을 덮고 나서는 희망을 보았다. 이 책에는 기자로서의 사명감과 인간으로서의 미안함이 공존한다. 누군가를 일방적으로 비난하지 않고, 반려 산업 현장에서 두 달 동안 잠입 취재한 내용을 절제된 감정으로 풀어냄으로써 동물권에 대한 이야기를 자연스럽게 꺼낼 수 있도록 만든다.

이제 선택받지 못한 개가 남긴 메시지에 대한 답을 우리가 해야 할 차례다. 펫숍의 진열장 너머, 끔찍한 환경의 번식장에서 죽을 때까지 임신과 출산을 반복하며 살아야 하는 종·모견의 지옥 같은 현실을 바꾸는 일 말이다. 소비하지 않으면, 그래서 수요가 사라지면 공급도 사라진다. 잘못된 연결 고리를 지금 끊어내야 한다. 펫숍을 소비하는 우리 또한 이 거대한 반려 산업을 움직이게 하는 공범이며, 그런 의미에서 번식장의 동물생산업자와 다르지 않음을 모두가 알아야 한다. 그래서 나는 이 책이 유기동물 문제를 근본적으로 해결하고 예방하는 첫걸음이 되는 동시에 수많은 동물의 생명을 살릴 것이라고 믿는다.

그들은
개를 사랑한다고 말했다

취재는 봄의 끝자락을 잡고 시작됐다.

2019년 5월 31일, 우리는 취재를 위해 펫숍을 개업할 준비를 했고, 사무실을 얻었다. 경기도의 한 관청에서 동물판매업 허가 절차도 밟았다.

전국의 반려견은 약 660만 마리에 이른다(농림축산검역본부 2017년 추산). 이 많은 개는 어디서 태어나 어떻게 우리 곁에 온 걸까. 우리는 동물이 돈벌이의 수단으로 생산되고 판매되는 거대한 시스템이 어디서 비롯해서 어떻게 흘러가는지 가까이에서, 세밀하게 들여다보고 싶었다.

한 달간의 자료 조사와 사전 취재를 통해 우리는 반려동물 산업의 가장 큰 줄기인 '번식장, 경매장, 펫숍'을 이 세계의 '블랙 트라이앵글'이라고 결론지었다. 이들은 외부자의 접근을 철저히 막고 서로 공생한다.

개를 팔 생각이 전혀 없는 우리가 가게를 연 이유는 정식 판매업자가 되어야만 강아지 번식장과 반려동물 경매장을 출입할 수 있어서였다.

특히 번식장-경매장-펫숍으로 이어지는 반려동물 산업 구조 안에서 경매장이 가장 핵심적인 역할을 한다고 판단했기 때문에 반드시 경매장을 취재해야겠다고 마음먹었다. 취재 결과 경매장은 실제로 동물을 외모로 줄 세우면서 번식장이 개를 특정 외모 특성을 가지도록 '개량'하게끔 유도하고, 개를 물건처럼 흥정하며 번식장과 펫숍 사이에서 수많은 이익을 취했다.

이 막장 같은 현장을 탐사 보도한 언론이 국내에 아직 없었다. 반려동물 경매장은 매우 폐쇄적이었다. 철저한 회원제로 운영되는 경매장에 출입하려면 사업자등록증을 제출하고, 5~10만 원의 가입비를 내야만 했다. 자료 조사 단계에서 확인한 〈반려동물 대량생산과 경매 그리고 식용도살 실태보고서〉(동물권단체 카라, 2014년)의 내용도 상당히 충격적이었다. 정말 태어난 지 얼마 되지 않은 개들을 물건처럼 다루고, 시장의 고기처럼 팔아치우는지 반드시 두 눈으로 확인해야 했다.

동물판매업자가 되는 과정은 복잡하고도 간단했다. 우선 독립된 영업장이 필요했기에 김지숙 기자의 지인을 통해 경기도 양평의 한 상가를 한 달 동안 임대했다. 기자들의 거주지 혹은 우리와 함께 프로젝트를 진행한 동물권단체 동물해방물결의 사무실을 잠시 빌려볼 생각도 했지만, 동물판매업장은 법적으로 2종 근린생활시설이 아닌 가정 등 다른 곳에는 마련할 수 없었다.

다음으로 넘어야 할 산은 시설이었다. 동물보호법 시행 규칙에 따르면 동물판매업장은 사육실과 격리실을 분리해 설비를 갖춰야 한다. 사육시설은 동물이 직사광선, 비바람, 추위와 더위 등을 피할 수 있고, 뒷발로 일어섰을 때 머리가 닿지 않는 높이를 갖추어야 한다. 최소한의 생존권을 보장하는 수준을 마련해야 하는 것이다.

다행인지 불행인지 온라인 등 통신판매를 주로 하는 판매업자의 경우 이 시설 기준을 하나도 갖추지 않아도 되었다. 허가 심사를 위해 사무실을 찾은 담당 공무원에게 온라인 판매 중심의 펫숍을 운영하겠다고 설명하자 더 물을 것도 없다는 듯 고개를 끄덕이며 돌아갔다.

우여곡절 끝에 '봄날의 댕댕'이라는 상호로 동물판매업 허가증을 받았다. 취재를 위해 만반의 준비가 된 셈인데 이상하게 마음이 복잡했다. '판매'라는 단어가 우리를 압도했다. 판매업자로서 동물을 다루는 일이라는 게 물건을 사고파는 것과 다름이 없음을 처음으로 느낀 순간이었다.

잠입 취재라고는 하지만 신분을 숨기고 취재원을 대하는 것도 마음에 걸렸다. 하지만 이번 취재는 잠입 취재 말고는 다른 방법을 찾기 어려웠다. 기자 신분을 밝히고 정식으로 취재 요청을 해서 현장을 살펴보기에는 그 실체를 파악하기가 쉽지 않아 보였다. 동물단체 활동가, 반려 산업 전·현직 종사자 등이 제보한 내용을 현장을 통해 직접 확인할 필요가 있었다.

그렇게 우리는 약 두 달 동안 동물판매업 사업자등록증을 들고 전국의 강아지 번식장 세 곳, 반려동물 경매장 여섯 곳을 찾았다. 펫숍 두 곳에서는 직접 아르바이트를 하며 취재했다. 전·현직 번식업자, 수의사, 동물권단체 활동가 등 여러 전문가의 말도 빼놓지 않고 기록했다.

현장에서는 관련 산업 종사자를 취재하고 그들이 추천한 일정 수준의 시설을 갖춘 번식장이나 경매장, 농림축산식품부로부터 허가를 받거나 그렇지 않은 현장, 관련 업자들조차도 문제가 많은 곳으로 지적하는 현장까지 두루 살폈다.

취재하며 가장 놀랐던 점은 개를 사고팔고 가격을 매기는 그들 모두가 그 일을 "개를 좋아하지 않으면 할 수 없는 일"이라고 말했다는 것이다. 현장에서 만난 한 판매업자는 '초보 판매업자'인 우리에게 이렇게 조언했다. "강아지를 사랑하고 좋아하는 마음도 물론 있겠지만, 이게 돈 벌려고 하는 거잖아요. 그런데 내가 돈을 벌어서 개를 지켜줄 수 있을 때만 (좋아하는 일도) 가능해요. 그러니까 가급적 영업을 잘할 수 있게 정신 바짝 차리고 준비하세요."

반려동물 판매 관련 이익단체인 반려동물협회 관계자도 비슷한 발언을 했다. 그는 "동물생산업을 하는 분의 다수가 감수성이 예민하고 그분들이야말로 동물을 사랑해서 30년 동안 이 일을 하신 분들"이라며 "동물을 돈으로 보지 않는다"고 말했다. 그들은 동물을 사랑하는 자신들의 방식이 '틀린 것'이 아니라 일반인들의 방식과 '다른 것'임을 강조했다. 이들은 우리의 취재가 기사로 나간 직후 해당 기사를 두고 "사람들의 감정에 호소하는 앵벌이 기사"에 불과하다고 맹렬하게 항의하며 게재 중단을 요청하기도 했다. 우리는 이 책을 통해 거대하고 공고한 한국 반려동물 산업을 장악하고 있는 이들의 '왜곡된 사랑'에 물음표를 던지려 한다.

그리고 우리와 물리적, 정신적으로 가장 가까이 있는 '비인간동물'인 반려동물의 유통 구조를 낱낱이 파헤침으로써 우리 사회가 생명을 대하는 태도가 어떠한지, 또 어떠해야 할지 그 문제의식을 공유하고자 한다.

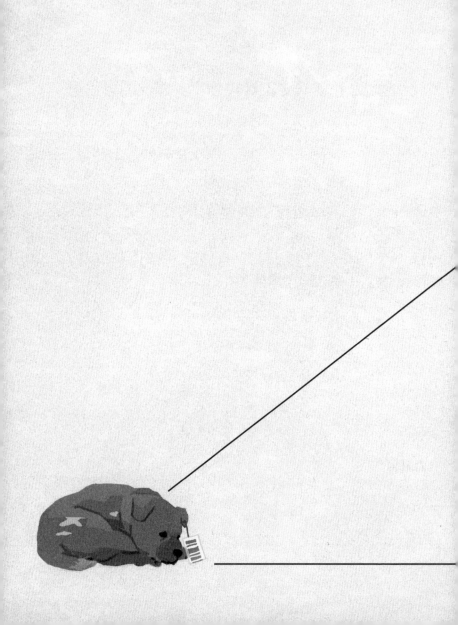

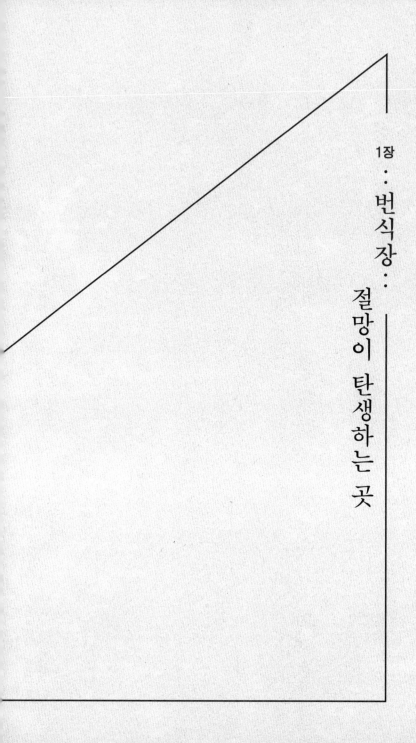

1장
··· 번식장 ···
절망이 탄생하는 곳

강아지 번식장의
개 짖는 소리

강아지 번식장의 개 짖는 소리는 달랐다. 그것은 누군가를 경계하여 '컹컹' 짖거나, 주인이 반가워 '왈왈' 짖는 소리가 아니었다. 논밭 사이, 허름하게 지어 올린 조립식 건물에서 개들은 공기를 찢을 듯한 소리로 울부짖었다.

번식장 대부분은 대도시 외곽에 자리 잡고 있다. 수요가 있는 곳에 공급이 있는 것이다. 동물생산업 등록업체 1,186곳 가운데 400개 업체가 수도권에 밀집해 있다.◆

실제로는 조사된 공식 통계보다 더 많은 것으로 알려져 있

◆ 〈2018년 반려동물 보호·복지 실태조사 결과〉, 농림축산검역본부, 2019년.

다. 반려동물생산자협회는 2천~3천 개, 동물권단체 카라는 3천~4천 개의 반려견 생산업체가 전국에 산재한 것으로 추정하고 있다.◆

우리는 농림축산검역본부 동물보호관리시스템(APMS)에 등록된 동물생산업체 가운데 경기도 여주, 양평, 김포 일대의 강아지 번식장 세 곳을 찾았다. 불법 번식장 한 곳 또한 잠입 취재했다.

2019년 6월 17일과 7월 1일, 두 차례 방문한 경기도 여주 '산촌애견'의 외양은 꽃집처럼 보였다. 국도 옆에 바짝 붙여 차린 가게 입구에는 알록달록한 꽃모종과 씨앗 따위를 진열해놓았다. 그 뒤로 호미, 삽, 플라스틱 바구니, 고장 난 선풍기 따위가 마구 뒤섞여 있어 얼핏 고물상처럼 보이기도 했다. 그 와중에 간판에는 '애완동물 교배 분양'이라고 쓰여 있었다.

이 기묘한 분위기의 번식장을 만난 것은 우연이었다. 취재를 막 시작했을 무렵, 우리는 경기도 양평에 막 개업한 펫숍 사무실에서 이런저런 서류 작업을 마치고 퇴근을 하던 중이었다. 차가 별로 다니지 않는 국도를 타고 양평의 경계를 벗어났을 즈음이었다. 왼쪽 사이드미러에 비친 '애완견 직매

◆ 〈반려동물 연관산업 발전방안 연구〉, 한국농촌경제연구원, 2017년.

장'이라는 글자가 박힌 듯 눈에 들어왔다.

그길로 차를 돌려 잡다한 물건이 늘어선 가게로 들어서자 핑크색 비닐 앞치마를 입은 50대 가량의 남성 ㄱ씨가 우리를 맞았다. 그는 "서울에서 크게 애견숍을 하다가 가게에 불이 나서 접고 농장일을 하고 있다"고 자신을 소개했다. "한때 남양주의 경매장에서 미용사로 일했을 정도로 개를 잘 안다"고도 했다. 평생 개를 통해 생계를 꾸려왔다는 뜻이었다.

그곳이 강아지 번식장임을 확인시켜주는 세 가지가 있었다. '애완견 직매장'이라 쓰인 간판, 코를 찌르는 비릿한 냄새, 그리고 끝없이 이어지는 개 짖는 소리.

산촌애견의 개들은 약 50평 규모의 조립식 건물 안 철장에 갇혀 있었다. 내부가 비좁았는지 일부 개들은 철장도 아닌 바깥에 마련된 뜬장에 있어야 했다.

우리는 번식장 환경과 개들의 상태를 확인해야 했다. 서둘러 ㄱ씨에게 양평에서 펫숍을 한다고 우리를 소개한 뒤 종·모견과 강아지들을 볼 수 있냐고 물었다. ㄱ씨는 반가워하며 농장에서 직거래도 가능하다고 했다. 그는 당장에라도 강아지를 팔 기세였다.

우리는 이제 막 사업자등록 허가를 받았으므로 준비를 좀더 해서 다시 찾겠다고 했다. 그러자 ㄱ씨는 "다음 주에 오면

위 꽃모종과 씨앗 따위로 교묘하게 가려놓은 개농장의 입구.

중간 산촌애견에서 만난 모견. 상기된 농장 직원의 목소리와 달리 엄마 치와와는 초점 없는 눈으로 직원의 팔에 힘없이 매달려 있었다.

아래 번식장 견사 내부의 철로 짠 뜬장. 철장 전체에 개털과 오물이 찌든 때처럼 엉겨 붙어 있었다.

이 개들은 없다"고 했다. 그때는 그 말이 무슨 의미인지 이해하지 못했는데, 얼마 지나지 않아 '경매장에 내다 팔고 없을 것'이라는 뜻임을 알게 되었다.

몇 주 뒤 그 농장을 다시 찾았다. 이번에 ㄱ씨는 우리를 데리고 번식장 일부를 돌았다. ㄱ씨는 "너무 가까이서 들여다보면 개들이 짖다가 배가 터져 죽는다"고 경고하면서 견사 내부를 소개해주었다. 산촌애견은 취재 과정에서 우리가 찾은 번식장 중 가장 적극적으로 견사를 보여준 곳이기도 했다. ㄱ씨는 부끄러울 것이 없다는 태도였다. 대략 50평 규모의 농장에 약 200마리의 개를 키운다고 설명하며 "우리가 얼마나 깨끗이 (관리)하는지는 더 얘기할 것도 없다"고 강조하기도 했다.

햇빛이 부스러기 수준으로 비쳐 들어오는 컴컴한 견사에 머리를 들이밀자 숨 쉬기 어려울 정도의 악취가 코를 찔렀다. 마당에도 비릿한 개 냄새가 진동했지만 벽 하나를 사이에 둔 실내에는 열 배쯤 응축된 냄새가 고여 있었다. 견사는 철로 짠 뜬장이었다. 철장에는 개털과 오물이 찌든 때처럼 엉겨 붙어 있었고, 바닥에서 1미터 정도 떠 있는 장 아래로 기다란 오물받이가 연결되어 있었다. ㄱ씨가 말한 대로 바닥이 깨끗한 까닭은 거기에 있었다.

태어나 한 번도 빗질을 한 적이 없어 보이는 덥수룩한 개들이 인기척을 느끼고 어둠 속에서 눈을 번득이며 짖어댔다. 바깥 뜬장의 개들도 덩달아 몸을 일으켜 두 발로 선 채 철장을 흔들며 짖어댔다. 그 개들은 평범한 개가 낯선 사람을 만나면 흔히 그러듯 경계심에 몸을 떨거나 날 선 눈빛을 쏘는 것이 아니라 마치 제발 꺼내달라고 몸부림치는 듯 짖었다.

번식장 안쪽까지 자세히 살피고 싶었지만 개들이 벼락처럼 짖어대는 통에 더 깊이 들어갈 수가 없었다. ㄱ씨의 경고가 귓전을 울리는 탓도 있었다. 첫 방문 때도 우리가 조금이라도 가까이 가면 개들이 미친 듯이 짖었다. ㄱ씨가 등 뒤에서 한 번 더 소리쳤다. "너무 가까이 가지 마요. 너무 짖어서 배가 터져 죽을 수도 있어!"

ㄱ씨는 농장 점검을 위해 지자체 공무원들이 찾은 날도 개들이 짖다 지쳐 몇 마리 죽어 나갔다고 덧붙였다. 그 말의 진위 여부는 알 수 없었지만, 한편으로는 이해할 수 있었다. 흥분하는 것만으로도 개들이 생사를 달리할 만큼 건강 상태가 나쁘다는 뜻이었다.

그때도 지금도 개들은 울부짖었다. 소음을 뒤로하고 ㄱ씨가 소리치듯 말했다. "봤죠? 얼마나 깨끗한지. 바닥이고 뭐고. 그리고 우리는 (견사가) 한층 밖에 없어요."

ㄱ씨의 부름에 개들이 짖어대는 지옥에서 인간 세계로 넘어왔다. 그 경계에서 여러 생각이 들었다. '뜬장의 1층짜리 견사가 자랑할 일인가. 그에게 깨끗함의 기준은 무엇인가. 사람이 밟고 지나는 바닥만 깨끗하면 상관없나. 개들은 악취가 나는 견사에서 털이 엉긴 채 부대끼고 있는데.'

그날 ㄱ씨는 우리에게 또 다른 개들을 보여주었다. 지난번보다 더 적극적이었다.

"경매장에 가면, 거기까지 가는 기름값도 들고 이러니까, 그거 감안해서… 경매장에서 20만 원에 판다고 치면 내가 15만 원, 17만 원 이렇게 해줄게요."

말을 마친 ㄱ씨가 실내로 들어가더니 금세 치와와 네 마리를 플라스틱 바구니에 담아 나왔다.

"이렇게 세 마리는 가져가도 괜찮을 거예요. 오늘 아니면 못 사 가. 세 마리 다 사료도 잘 먹어요. 우리는 로얄캐닌 아기 사료 먹이는데, 좋은 거야."

그러더니 가격을 제안했다. "요거 요거 10만 원에 가져가. (가게 사장을 가리키며) 원장님 나이 잡숫고 꽃 같은 거 이런 거 하는데(꽃모종 및 화분 판매), 원래 애견만 하면 더 많이 받아야 돼. 얘는 100점짜리라 30만 원 받아야 하는데, 20은 줘야 하고."

그가 내민 치와와들은 경매장 기준의 '좋은 가격'을 받기는 어려워 보였다. 이른바 품종별 외모 기준을 조금씩 벗어나 있었기 때문이다. 검은 눈동자가 바깥으로 쏠렸거나, 검은 털 사이에 흰 털이 박혀 있어 털 색깔이 균일하지 않다거나, 치와와라는데 미묘하게 포메라니안처럼 생겼다거나 하는 식이었다.

그런 탓인지 ㄱ씨는 최선을 다했다. "오늘 아니면 못 가져가. 애들 봐봐, 얼마나 예뻐요. 저런 거 사 가면 진짜 (가격) 잘 받죠. 작고 예쁜 애들 한두 마리씩 가져가요. 아니면 (바깥 철장에 있는 몰티즈 믹스견을 가리키며) 저런 애들 3만 원에 가져가서 싸게 팔아. 그런 걸 잘해야 장사를 잘하는 거야."

우리가 주저하자 ㄱ씨는 답답한 듯 모견을 데리고 나오며 말했다. "얘가 세 마리 엄마예요. 이쁘잖아요. 아이들은 얘기할 것도 없고. 얘는 세 살인데, 새끼 두 번 뺐어요." 옆에서 꽃을 다듬던 '원장님'이라고 불리는 60대 가량의 여성이 거들었다. 그리고는 벌벌 떠는 모견에게 갑자기 이름을 붙여 불렀다. "따순아, 이리 좀 와봐. 어머, 이쁜 우리 따순이."

ㄱ씨는 산촌애견에 고용된 직원이었다. 이제는 농장 주인인 원장이 본격적으로 흥정을 시작했다.

"애들 다 가져가." "오늘은 못 데려갈 것 같아요." "에이,

그러면 땡이야. 얘들은 다 날짜가 있어. 며칠 며칠 되면 나가고, 그게 다 있어."

대화가 뚝 끊겼다. 기대했던 거래가 불발되자 산촌애견 사람들은 우리가 얼른 가길 바라는 듯한 기색을 보였다. 우리는 그곳에 더 있을 수 없었다. 어둠 속 견사에서 죽을 듯이 짖어대는 개들, 추위와 비바람을 고스란히 견뎌야 할 듯한 외부 뜬장에 갇힌 개들을 뒤로해야만 했다. 착잡한 마음이었지만 우리는 그곳을 떠날 수밖에 없었다.

이튿날 우리는 ㄱ씨가 기를 쓰고 팔려고 했던 개들을 남양주 '펫사랑경매장'에서 다시 만났다. 경매장에서 산촌애견의 개들은 싸게는 8만 원, 비싸게는 10만 원에 팔려나갔다.

ㄱ씨뿐만 아니라 대부분의 농장주들은 경매장에서 좋은 가격을 받기 어려워 보이는 강아지들을 빨리 처분하고 싶어 했다. 그들의 태도는 '재고 관리'를 하는 상품 판매업자와 다를 바 없었다.

산촌애견을 떠나며 우리는 그곳이 차라리 불법 번식장이기를 바랐다. 그러면 신고를 하든 어쩌든 무슨 조치를 취할 수 있을 것이라 생각했기 때문이다. 하지만 ㄱ씨가 주장한 대로 그곳은 합법적으로 운영되는 곳이었다.

시설로 추정컨대 산촌애견은 2018년 이전에 신고된 농장인 것 같았다. 동물보호법 시행 규칙에 따르면 동물생산업장 사육 설비의 바닥은 망으로 되어 있지 않아야 하고, 2단 이상 쌓으면 안 된다.

하지만 2018년 3월 22일 전에 동물생산업 신고를 하고 설치한 사육 설비의 경우, 2단으로 쌓는 것이 가능하다. 바닥도 망 사이 간격이 동물의 발이 빠지지 않을 정도로 촘촘하고, 면적의 30퍼센트 이상 평평한 판을 넣어 동물이 누워 쉴 수 있는 공간을 확보했다면 괜찮다고 쓰여 있다. 산촌애견에서 왜 그토록 자기들은 2층을 쌓지 않았다고 강조했는지 이해가 갔다.

여주를 떠나 며칠 뒤 찾은 김포 '카리스마애견'에서도 비슷한 상황을 겪었다. 카리스마애견의 농장주는 다음 날 경매장에 데려가려고 모아둔 강아지들을 기꺼이 우리에게 먼저 내보였다. "저거 오늘 두 마리, 10만 원에 가져가서 팔아봐. (마리당) 한 25만 원 이렇게." 농장주가 보여준 것은 생후 45일경이라는 장모 치와와 두 마리, 포메라니안 세 마리, 몰티즈 두 마리였고 그들은 세 개의 철장에 나뉘어 들어 있었다.

카리스마애견 농장주는 강아지들의 외모가 못내 아쉬운 듯했다. "엄마가 엄청 예쁘게 생겼는데, 이번에 '오바'를 낳았네. 항상 비싸게 많이 뽑아주던 애였는데⋯ 근데 다들 건강해요. 똥도 때글때글하고."

　농장주가 말하는 오바는 윗니가 아랫니보다 많이 나온 부정교합이 있는 강아지라는 뜻이었다. 그 반대로 아랫니가 많이 나온 강아지는 '언더'라고 한다. 오바나 언더처럼 이가 가지런하지 않은 강아지는 경매장에서 비싼 가격에 낙찰되기 어렵다. 여차하면 유찰과 반품을 거듭할 수 있으므로 농장주는 이들을 염가에 팔고 싶어 했다. 영문 모르는 싼값의 강아지들은 카리스마애견의 철장 속에서 서로 핥아주고 장난치다가 몸을 겹쳐 잠을 청했다.

　우리는 카리스마애견 외에도 김포의 여러 번식장을 돌았다. 농림축산검역본부의 동물보호관리시스템에 따르면 경기도는 전국 지자체 가운데 가장 많은, 570곳의 동물생산업장이 모여 있는 지역이다. 이 가운데 김포에는 경기도 내에서도 가장 많은, 총 66개의 번식장이 있다.

　우리는 번식장 주소를 들고 무작정 김포로 향했다. 사전 취재 때 몇몇 농장을 접촉했던 경험을 되짚어보면, 미리 연락을 해서 섭외를 하는 것은 사실상 불가능해 보였기 때문이다. 다수의 농장들은 직접 농장을 찾아 거래하고 싶다는 펫숍업자의 제안에 혹하면서도 경계하는 태도를 보였다. 농장주들은 강아지 번식장에 대한 일반인의 시선이 어떤지 잘 알고 있었다.

경기도 용인의 '마더독' 농장주는 우리와의 전화 통화에서 "수의사 출신인데 여생을 개를 키우면서 보내려고 한다. 그러니 개들 건강 문제는 걱정 놓아도 된다"며 "200마리 정도 키우고 있고, 웬만한 펫숍에 들어가는 종은 다 있다고 보면 된다"고 내세웠지만, 막상 우리가 찾아가겠다니 거절했다. 그는 "농장은 직접 방문할 수 없다. 대신 숍으로 개를 데리고 갈 수는 있다. 부산까지도 간다"며 적극적으로 판매 의지를 보였다.

화성 '장미애견'은 방문하기로 한 당일 갑자기 전화로 거절을 해왔다. 농장주는 "우리가 직거래하는 펫숍이 몇 곳 안 되는데 우리 농장을 어떻게 알았나. 주소는 어떻게 알았나. 교배도 하러 가야 하고 바쁘니까 나중에 다시 오라"고 단칼에 잘랐다.

직접 들렀던 경기도 양평의 '화림켄넬'에서는 우리에게 결단코 농장 내부를 보여줄 수 없다며 의심의 눈초리를 거두지 않았다. "그 동물보호단체 사람들이 얼마나 헤집고 다니는지, 뭐 카라인가 케어인가 그런 사람들 있잖아. 학생처럼 꾸미고 오기도 하고, 펫숍 한다고 찾아오기도 하고 그래. 언니들은 아니지?"

김포에서 다섯 곳의 번식장에 들렀지만 이 가운데 직접 취재가 가능했던 곳은 단 두 곳뿐이었다. 농장들은 번식장 또는 강아지 농장이라는 말 대신 '○○켄넬'처럼 영어 이름을 붙이거나 아예 간판을 걸지 않고 영업을 했다. 어떤 번식장은 누가 봐도 식용견으로 팔릴 것으로 보이는 도사견, 진돗개 등 덩치 큰 개들만 실외 뜬장에서 기르고 있기도 했다.

　일반적인 번식장은 대부분 창문이 달린 컨테이너 하우스 형태로, 가까이 가서 개 짖는 소리를 듣지 않는 이상 대개는 평범한 농장의 흔한 창고처럼 보였다. 우리가 취재하던 7월 초순은 한낮의 태양이 이글거리기 시작하던 때였다. 계절이 더 깊어져 장마로 공기가 습해지거나 한여름 뙤약볕이 내리쬐면 컨테이너 하우스에서 개들이 지치지는 않을까 걱정이 되었다.

　컨테이너 하우스 안의 개들은 바깥에서 낯선 사람의 발자국 소리가 들리면 처절하게 짖다가 우리의 걸음이 멀어지면 신음하듯 울음을 멈추곤 했다.

절망과
체념의 눈

  번식장의 개들은 짖는 소리만 다른 것이 아니었다. 눈빛도 달랐다. 우리와 눈을 마주한 개 모두, 단 한 마리도 빼놓지 않고 일상에서 만나는 개의 눈과 달랐다.

  산촌애견의 개 짖는 소리와 ㄱ씨가 데리고 나온 종·모견의 초점 없는 눈빛의 대비는 강렬했다. 개들은 철장 안에서는 농장 지붕이 들썩일 정도로 맹렬하게 짖어댔지만, 막상 한 마리씩 밖으로 꺼내고 나면 그 기세는 온데간데없이 풀이 죽었다.

  ㄱ씨가 우리에게 보여준 치와와의 모견도 그랬다. "얘가

이 강아지들 엄마예요. 예쁘죠?" 상기된 ㄱ씨의 목소리와 달리 엄마 치와와는 초점 없는 눈으로 ㄱ씨의 팔에 힘없이 매달려 있었다. 출산한 지 오래지 않아 젖이 퉁퉁 부은 엄마 치와와는 모처럼 바깥 공기를 마시는 것일 텐데도 좀처럼 활력을 찾지 못했다. 엄마 치와와 바로 옆에는 새끼들이 바구니에 담겨 있었다. 엄마 치와와는 낯선 공기에 어쩔 줄 몰라 하는 새끼들을 보고도 알은체를 하지 않았다. 낯선 사람들을 보고서도 으르렁대거나 꼬리를 흔들지도 않았다.

그 개만 그런 것이 아니었다. ㄱ씨가 연이어 데리고 나온 몰티즈도, 또 다른 치와와 종견도 힘없이 축 늘어져 있었다. 농장주는 그 개들을 특별히 아낀다는 뉘앙스로 "목욕을 안 시켜서 그렇지 얼마나 예쁜지 모른다"고 소개했다.

하지만 개들은 체념에 찌든 듯했다. 유령처럼 서늘한 시선으로 우리를 바라보고 있었다. 조금만 애를 쓰면 바닥으로 내려와 땅을 밟고 흙과 풀 냄새를 맡을 수 있는데, 그들은 아무것도 하고 싶지 않아 보였다. 생명이 끊임없이 '생산'되는 번식장에서, 죽지 못해 살아 있는 듯한 모습의 개들은 아이러니했다.

우리가 직접 개를 볼 수 있었던 번식장 가운데, 경기도 김포의 카리스마애견과 '소소애견'에서도, 경기도 고양의 '얼룩이네농장'에서도 개들의 눈빛은 같았다.

카리스마애견에서 만난 장모 치와와 모견은 그곳의 개들이 텅 빈 눈빛을 가질 수밖에 없는 이유를 온몸으로 증명했다. 그 개는 남다른 모성으로 해당 농장에서 착취를 당하고 있었다.

카리스마애견은 산촌애견과 분위기가 사뭇 달랐다. 산촌애견이 고물상 창고 같은 곳에 개들이 처박혀 있는 듯한 분위기라면, 카리스마애견은 가정집과 컨테이너 건물로 지은 번식장이 같은 마당에 있어 얼핏 가정 견사처럼 보였다. 하지만 시설이 조금 더 멀끔할 뿐, 개들이 처한 상황은 별반 다를 것이 없었다.

카리스마애견 농장주는 다음 날 내다 팔 강아지들과 특별히 관리하는 개들을 몇 개의 철장에 나눠놓고 거실에서 돌보고 있었다. 그 철장 가운데 하나에서 장모 치와와 모견이 새끼 두 마리를 품고 있었다.

카리스마애견 농장주는 우리에게 모견인 장모 치와와와 새끼들을 보여주며 "얘가 워낙 새끼를 잘 돌본다"고 소개했다. 그 개가 돌보는 새끼들은 몸길이가 10센티미터도 채 되지 않았다. 농장주는 태어난 지 며칠 되지 않은 개들이라고 설명했다. 자세히 보니 두 마리는 치와와가 아닌 다른 견종

위 　사람의 손에 끌려나온 모견들은 외부 자극에도 전혀 반응하지 않았다. 바로
　　옆에서 어쩔 줄 모르는 새끼들을 보고도 알은체를 하지 않았다.

아래 　합법 번식장과 불법 번식장의 환경은 크게 달라보이지 않았다.

이었다.

어미 치와와가 품고 있는 두 마리는 다른 개가 낳은 강아지였다. 워낙 약하게 태어난 개체들이라 평소 강아지를 잘 돌보던 장모 치와와에게 새끼들을 강제로 맡긴 것이다. 카리스마애견 농장주는 "이렇게 약한 애들도 어미가 보살펴주고 핥아주고 그러면 살아나고 그런다"고 했다.

그 말이 우리를 혼란스럽게 했다. 번식업자들은 갓 태어난 강아지들을 2개월도 채 지나기 전에 모견으로부터 떼어내 경매장에 내다 파는 이들이다. 하지만 그들은 누구보다 잘 알고 있었다. 강아지들이 어미 개와 체온을 나누고 돌봄을 받으면, 혹은 그 옆에 가만히만 있어도 사람이 돌보는 것보다 건강하게 자란다는 것을.

장모 치와와는 도태될 가능성이 높은 강아지들을 살릴 임무를 부여받고 철장 속에 갇혀 있었다. 아주 얌전한 개였다. 낯선 우리가 가까이 다가가도, 새끼를 품고 있는데도 경계하는 태세를 보이지 않았다.

"이 친구는 이름이 있나요?" 우리가 물었다. 농장주가 말을 얼버무리며 답했다. "우리는 모견만 다 해서 100마리 넘게 있어요. 그런 애들 중에 이름이 있는 애도 있고, 없는 애도 있고… 그런데 쟤는 이름이 없지."

농장주에게 특별 대우를 받는 그 개는 이름이 없었다. 개는 산촌애견에서 만난 종·모견처럼 절망에 익숙해 보였다. 자기가 돌보는 강아지들이 경매장에 나갈 수 있을 만큼 생기를 찾고 나면 이내 빼앗길 거란 걸 알고 있으면서도 기계처럼 새끼를 돌봤다.

어떤 면에선 그렇게라도 해야 삶의 위안을 얻을 수 있는 것처럼 보였다. 강아지들을 살려놓고 나면 다시 100마리의 모견들이 바글거리는 견사로 돌아가야 한다. 거기서 다시 임신과 출산의 굴레에 빠질 것을 생각하니 너무 끔찍했다.

인근 번식장들을 취재한 결과 카리스마애견은 개를 작게 키우기로 유명한 농장이었다. '인물(외모)'을 강조하던 그는 "싼 집에서 나오는 개들은 크기가 커지는 애들이 많고, 못생겨진다"며 자기 농장 개들의 외모를 자랑했다.

이를 비판하는 농장주도 있었다. 30년째 개를 키운다는 김포 '튼실애견' 농장주는 개를 작게 키우는 농장들에 대해 이렇게 말했다. "작게 키워서 고가를 받는 농장들이 많거든요. 나도 (이 일을) 하면서, 그런 개를 사다 키운 적이 있는데 (양손을 가슴 너비로 펴며) 이만큼 커지더라고. 나중에 알고 보니까 애기들을 작게 만드는 기술이 있어요. 어미한테서 한 일주일 떼어놨다가 분양을 한다거나, 20일만 젖을 먹이거나, 밥

알을 세어서 준대. 나는 한 달 넘게 엄마 젖 먹였거든요. 배가 빵빵하도록 먹여야 탈이 없지, 그렇게까지 심각하게 아이들을 작게 만드는 줄은 몰랐어." 이런 스트레스 때문인지 어떤 모견은 제가 낳은 새끼들도 잘 돌보지 않았다.

경기도 고양 얼룩이네농장에서 만난 어미 보더콜리는 우리에게 강한 공격성을 보였다. 출산한 지 50일쯤 지난 어미 개는 철장에 갇힌 채 벽을 사이에 두고 새끼들과 분리되어 있었다. 우리를 보고 으르렁대는 어미 보더콜리는 한눈에 봐도 불안한 상태였다.

바로 옆 철장에 갇힌 네 마리 강아지 가운데 한 마리는 귀 뒤쪽과 목에 각각 3센티미터, 1센티미터가량의 깊은 상처가 나 있었다. 농장주는 어미가 공격성이 있어서 분리해뒀다고 하면서도 강아지 목 위에 그렇게 깊은 상처가 있는 줄은 모르는 눈치였다.

우리가 강아지의 상처를 가리키자 농장주는 그제야 들여다보며 "엄마가 물어서 그렇다"고 말했다. 출산 과정에서 극심한 스트레스를 받은 개는 때때로 새끼를 공격하기도 한다.

농장주는 강아지의 상처를 대수롭지 않게 여겼다. "후시딘 바르면 금방 나을 테니 염려 말라"고 했다. 그에게 더 중요한 것은 강아지들이 "이번 주에는 (경매장에) 나가야 할 아이들"

이라는 사실이었다.

현장 밖에서 들은 수의사들의 말을 종합해보니 번식장에서 행해지는 개들을 향한 일상적 학대는 심각한 수준이었다. 200여 곳의 번식장을 직접 방문했던 권혁호 수의사는 "뜬장에서 개를 꺼내 바닥으로 내려 한 시간씩 운동을 시켜주는 곳도 있었지만 극소수였다. 대체로 좁은 공간에 너무 많은 개들이 있다 보니 피부병은 기본적으로 달고 있었다. 면역력이 떨어져 설사가 잦은 것은 말할 필요가 없을 정도"라고 말했다.

수백 마리 개를 기르다 보니 성대 수술을 한 개들도 있었다고 한다. 심각한 건 농장주가 직접 시술한 사례도 빈번하게 눈에 띄었다는 점이다. 권 수의사는 "수백 마리의 수술을 수의사에게 맡기면 비용이 들 테니 직접 시술한 경우가 상당수 있었다"며 "목소리를 나오게 하는 실 같은 근육이 있는데 개의 혀를 쭉 뺀 다음 그 부분을 자르는 식"으로 자가 수술을 하는 사례가 많았다고 말했다.

번식장 출신 개를 치료한 경험이 많은 박정윤 올리브동물병원장도 비슷한 상태의 개들을 목격했다. "기도를 열어서 정식으로 성대 수술을 한 게 아니라 억지로 입을 벌려서 (근육을) 잘라냈더라. 그러다 보니 후두가 완전히 단단해져서 기관지 삽관이 안 되기도 하고 굉장히 좁은 틈만 남아 강아지들이 켁켁 거리며 숨을 못 쉬는 경우도 있었다"고 말했다.

박 원장은 모견들의 훼손된 신체에 대해서도 언급하면서 "자궁이 멀쩡한 개들이 하나도 없었다"고 했다. "거의 모든 모견이 반복된 출산으로 생식기 주변이 비정상적으로 부풀어 있었다. 한번 제왕절개를 한 경우 다시 여는 게 좋지 않은데, 이마저도 제대로 수술하지 않아 복막이 덜 아문 채로 피하와 붙어버리는 등 전체적으로 심각한 상태가 다수였다"고 밝혔다.

이렇게 번식장의 개들은 생산수단으로 취급되며 끝없는 신체적·정신적 학대에 노출되고 있었다. 2014년 동물권단체 카라가 발표한 〈반려동물 대량생산과 경매 그리고 식용도살 실태보고서〉는 "열악한 환경에서의 반복적인 출산으로 건강이 망가진 모견들은 한창 새끼에 대한 애정을 가질 때 품안의 새끼들을 빼앗기는 고통을 반복적으로 겪어 모성에 씻을 수 없는 상처를 입는다"고 적고 있다.

이미 생산도구가 된 종·모견들은 눈빛에 생기를 잃어버린 채 살고 있었지만 새끼들은 아직이었다. 농장 일부만 우리 눈으로 확인할 수 있었던 김포 소소애견에서 만난 작고 마른 몰티즈 강아지도 그랬다.

소소애견 주인은 그날 경매장에 가느라 자리를 비운 터였다. 대신 농장일을 돕는 친척이 우리를 안내했다. 하지만 그는 절대로 농장 내부는 보여줄 수 없다며 사무실 옆 일부 공간과 마당만 공개했다.

소소애견은 사람이 쓰는 사무실 공간조차 위생 관리가 전혀 안 되고 있었다. 단 한 번도 청소하지 않은 것 같은, 때가 잔뜩 낀 바닥에는 청소 도구 따위가 널브러져 있었고 견사가 모자란 건지 농장 사무실 옆에 마련된 화장실 앞에도 철장을 쭉 나열해둔 상태였다. 폐품처럼 처박혀 있던 그 철장 안에 강아지가 있을 줄은 몰랐다.

철장 맨 끝에서 작게 부스럭거리는 소리가 들렸다. 들여다보니 하얗고 작은, 태어난 지 4개월쯤 되어 보이는 몰티즈가 찢어진 신문지 사이에 가만히 앉아 있었다. 아직 어린 탓이었을까. 그 개는 일말의 희망을 갖고 우리를 바라보는 것 같았다. 개는 몸을 일으켜 조용히 꼬리를 흔들었다. 몰래 그 개를 구조해 나오고 싶은 마음이 방망이질 쳤지만, 취재를 하고 있던 우리에게는 너무 큰 변수였다.

뒤에 더 자세히 쓰겠지만 우리는 이 순간을 포함해 개를 직접적으로 구조할 상황을 세 번 맞닥뜨렸다. 하나는 경기도 고양 얼룩이네농장에서 만난 귀가 물린 보더콜리였고, 하나는 대전의 한 경매장에서 만난 작은 치와와였고, 그리고 마지막이 소소애견의 이 몰티즈였다.

관찰자로서 현장에 잠입해 취재하는 우리가 어디까지 개입을 해야 할지 판단이 서지 않았다. 무엇보다 현장에서 마음이 동한다고 무턱대고 구조를 하는 것은 무책임한 일이었다. 잠깐 사이 수많은 갈등이 일었지만 우리는 허망한 말만 남기고 떠날 수밖에 없었다.

"꼭 좋은 집에 가서 살아. 곧 여기서 나갈 수 있을 거야. 진심으로 빌게."

합법과
무허가의 차이

우리가 가정에서 기르는 반려견을 생산하는 번식장은 동물생산업으로 등록이나 허가를 받은 농장을 말한다. 일명 '개농장'이다. 하지만 한국 사회의 문화적 특성상 개농장이라고 하면 식용견 농장을 떠올리는 사람들이 많다. 아마도 식용견 농장의 실태를 고발한 뉴스나 사양길에 접어들어 폐쇄되는 농장들을 보도한 기사를 많이 접했기 때문일 것이다.

하지만 이전에 다른 취재를 통해 방문했던 식용견 농장과 이번에 방문한 여러 곳의 강아지 번식장은 비슷하면서도 매우 달랐다.

개 번식장은 농림축산식품부령이 정하는, 가정에서 반려 목적으로 기르는 동물(개, 고양이, 토끼 등)을 생산하는 곳에 포함된다. 식용견 농장은 포함되기도 하면서 아니기도 하다. 애매하다. 그 이유는 개의 모호한 법적 지위 때문이다.

동물보호법, 축산법, 축산물위생관리법 등에 따르면 개는 반려동물이면서 가축(고기)이다. 우선 동물보호법에서 개는 반려동물로서 보호를 받는다. 축산법으로는 가축(고기)의 개량과 증식 등에 관한 사항을 규정한 시행 규칙 제2조에 따라 개가 가축의 범위에 포함된다. 한편 가축의 사육, 도살, 처리 등에 필요한 사항을 정한 축산물위생관리법상으로 보면 개는 가축이 아니다.

이렇게 모순적인 법적 지위 때문에 육견 단체는 식용견 사육과 도축이 무법의 영역에 있다고 주장하고, 시민단체는 불법이라고 주장한다. 합법과 불법의 차이는 있지만 반려견 농장이건 식용견 농장이건 개들이 인간의 이익을 위해 철장에 갇혀 태어나고 길러진다는 점에서는 같다.

번식장을 취재하며 우리는 이상한 이야기를 듣기도 했다. 김포의 소소애견 관리인이 우리에게 이런저런 농장을 소개하던 와중에 반대편 먼 곳을 가리키며 말했다. "저쪽은 이런 강아지들이 아니라 먹는 개를 키우고 잡는 곳이에요."

걸으로 보기에는 논과 밭이 있고, 초록이 넘실대는 평화로운 곳이었다. 하지만 조금만 가까이 들여다보면 도시에 내다 팔릴 강아지가 생산되고 고기가 될 개가 길러지는 곳이라는 사실에 우리는 등줄기가 서늘했다.

소소애견 관리인은 두드러지게 식용견 농장과 강아지 번식장 사이에 선을 긋는 듯한 태도를 보였다. 그래서 그에게 "보신탕을 먹느냐"고 물었다. 그는 고개를 저었다. 우리는 그나마 다행이라는 생각을 하며 대화를 이어나갔다.

그가 말했다. "강아지 키우는 사람들은 개를 안 먹어요. 왜냐면 개들이 싫어하거든." 이어지는 말에 우리는 할 말을 잃었다. "개들이 그 냄새를 알아요. 우리가 보신탕을 먹으면 개들이 (냄새를 맡고) 새끼를 안 낳아. 그래서 나는 저 멀리 김포 밖에 나가서 먹고 온 적이 있지."

어쨌거나 법의 테두리 밖에 있는 식용견 농장과 다르게 강아지 번식장은 2018년 3월 이전에는 자진 등록을 통해, 이후에는 허가의 방식으로 합법화되었다. 하지만 여전히 법의 테두리 밖에 있는 번식장이 존재한다.

농림축산검역본부 동물보호관리시스템에 등록된 동물생산업체는 2019년 8월 현재 1,477곳이다. 하지만 동물보호단체들은 전국의 번식장이 3천~4천여 곳에 이른다고 추정한다. 전체 번식장 중 절반에 가까운 1천~2천여 곳의 번식장이 무허가로 운영되고 있다는 것이다.

농림부가 지자체와 힘을 모아 1년에 두 차례 적발에 나서지만, 산속 깊은 곳에 숨어 있는 번식장을 찾는 일은 쉽지 않다. 2019년 4~5월 단속에서 적발된 무허가 번식장은 아홉 곳에 불과했다. 설상가상으로 무허가 업체가 적발되더라도 500만 원의 벌금을 부과하는 것이 처벌의 전부다.

이런 상황이니 불법 번식장은 여전히 보란듯이 곳곳에서 생명을 상품처럼 찍어내고 있다.

2019년 1월 경기도 평택의 한 주택 창고에서 장모 치와와 60여 마리가 구조됐다. 발견 당시 치와와들은 오물로 가득한 창고에서 단체로 사육되고 있었다. 대부분 피부병에 걸려 있었고 일부 개들은 출산을 앞두고 있었다. 살아 있는 개 바로 곁에 죽은 개의 사체가 방치된 채 발견되기도 했다. 장모 치와와는 2015년 한 예능 방송을 통해 유명해져 인기를 끈 견종이다.

동물보호단체들은 불법 번식장이건 아니건 가리지 않고 유통하는 일부 경매장에도 문제가 있다고 지적한다. 경매장은 그동안 불법 번식장의 강아지를 유통하더라도 별다른 처벌을 받지 않았다.

위 경기도 평택 불법 번식장에서 발견된 장모 치와와 60여 마리는 오물이 가득한 창고에서 사육되고 있었다. ©동물자유연대 제공

아래 평택의 불법 번식장에서 구조된 60여 마리 치와와 중 한 마리. 동물자유연대는 경기도 남양주 반려동물 복지센터에서 구조된 치와와들과 12마리 유기견들의 새 가족을 찾는 입양 행사를 열었다. ©동물자유연대 제공

2014년 〈반려동물 대량생산과 경매 그리고 식용도살 실태 보고서〉를 통해 반려견 경매장의 실체를 고발한 동물권단체 카라는 "애견 경매업은 사라져야 할 업종"이라고 주장했다. 전진경 카라 이사는 "경매장은 개의 출처를 세탁하는 역할을 한다. 불법 번식장의 상태를 교묘하게 가리고, 한편으로는 관리가 잘된 번식장을 홍보해 열악한 곳의 모습을 지워버린다"고 지적했다.

조희경 동물자유연대 대표는 경매장에서 발생할 또 다른 위법 가능성에 관해 언급했다. 그는 "(경매에 나온 강아지가 자란) 불법 농장의 이름을 합법적인 다른 곳으로 바꿔 유통해주는 것도 문제"라고 말했다. 불법 번식장의 강아지를 허가받은 번식장 출신으로 둔갑시켜 펫숍에 넘기는 경우가 왕왕 있다는 것이다.

취재 과정에서 우리는 조 대표가 언급한 사례를 실제로 확인했다. 산촌애견 취재 중 인근에서 다른 번식장을 운영하고 있다는 ㄴ씨가 찾아왔다. 그는 준비가 미비해 허가를 받기 어려운 자기 농장의 개들을 위탁하려 산촌애견을 방문한 터였다.

"혼자 하시느니, (같이 하려고) 내가 와본 거야. 우리 집이 허가가 안 나잖아. 그런데 ㄷ사장님한테 뺏겨버렸네." 이런

저런 대화 끝에 이미 다른 농장주가 산촌애견에 위탁을 하겠다고 약속을 하고 돌아간 사실을 알게 된 ㄴ씨가 말했다.

산촌애견 농장주와 불법 농장주인 ㄴ씨의 대화를 종합해보면 ㄴ씨는 2019년 9월로 예고된 시설 및 인력 기준을 강화한 동물보호법 개정안 시행일이 얼마 남지 않아 마음이 조급한 듯했다.

우리가 취재하던 당시 경매장에서는 번식장을 세 부류로 구분하고 있었다. 허가받은 농장, 일부 시설을 시정할 때까지 허가가 유예된 농장, 아예 허가를 받지 못한 농장.

일부 경매장은 세 부류 모두에서 강아지를 받기도 했지만, 대부분의 경매장이 허가를 받지 못한 농장을 거래에서 제외했다. 허가가 유예된 농장은 2019년 9월까지 허가를 얻지 못하면 경매장 출입이 어려워질 상황이었다.

그들은 당장 사업을 지속하기 위해 합법의 테두리에 들어갈 방법을 고민했다. 몰래 신장개업을 하거나, 다른 농장과 땅을 함께 사서 나누어 쓰거나, 우리가 만난 ㄴ씨처럼 다른 농장에 개를 위탁하려 했다.

김포의 튼실애견 농장주는 "허가받으려고 인근 지역에서 이사를 왔다"고 했다. "우리는 견사만 100평이 넘어요. 이전하는 데 비용이 엄청 들었죠. 갖고 있던 땅을 팔고 큰 땅으로

왔는데, 그러다 보니 많이 들었어."

그 말을 들으며 생각했다. 100평 규모의 농장을 신장개업한 비용을 뽑아내려면 얼마나 많은 강아지들을, 얼마나 많이 내다 팔아야 하는 걸까.

이런 마음을 읽은 듯 튼실애견 농장주가 말을 이었다. "남의 땅에다 이런 걸 지으면 본전은 뽑아야 하잖아요. 그런데 나는 내 땅에다가 이렇게 하니까 그렇게 신경을 안 쓰게 돼요. 고가(품종 특징이 확실하고 외모가 뛰어난 비싼 개), 이런 거 하는 사람들 보면 낳(게 하)다가 실패도 하고, 그러면 막 신경을 곤두세우더라고요."

우리 앞에서 '본전'이라는 말을 아무렇지도 않게 내뱉는 농장주 뒤에서는 개들이 낑낑대며 울고 있었다. 고가에 팔리는 개를 낳는 어미 개와 그런 개를 낳는 데에 실패한 어미 개들. 그 둘의 운명은 어떻게 갈릴까? 모르긴 몰라도 이런 환경에서 기계처럼 새끼를 낳고 돌봐야 하는 모견들의 운명은 행복과는 거리가 먼 것이 분명했다.

위   번식장에서 갓 태어난 강아지들은 2개월도 채 지나기 전에 모견으로부터 떨어져 경매장으로 간다.

아래   경매장은 실제로 동물을 외모로 줄 세우면서 번식장이 개를 특정 외모 특성을 가지도록 개량하게끔 유도한다. "경매는 농장주들에게 마약 같은 거예요. 예쁜 강아지 데리고 나가서 100만 원까지 올라가고 그러면 눈 돌아가지 않겠어요?"

2장

··· 경매장 ···

체념을 배우는 곳

관계자 외
출입 금지

일반인에게 공개되지 않은 강아지 경매장을 찾아가는 일
은 쉽지 않았다. 아무나 들어갈 수도 없을 뿐만 아니라 상호
에 '경매장'이라는 단어를 쓰지 않는 곳도 많았다.

어렵게 찾은 주소를 입력하면 내비게이션은 고속도로를
달리던 우리에게 뜬금없는 흙길로 내려가라고 안내했다. 종
종 굴다리 아래로 들어가라고 할 때도 있었다. 때때로 우리
의 목적지는 논밭을 낀 개천 앞이었다. 작은 공장들 사이 또
는 교외의 외식 타운 가운데 차를 멈추라고도 했다.

중소도시 외곽의 한적한 길을 지나다 어느 순간 외제차와

오래된 승합차가 뒤섞여 50대쯤 줄지어 서 있는 곳이 보인다면 바로 그곳이 반려동물 경매장이었다. 그런 곳에는 '○○경매장' '△△펫타운' '◇◇영농조합' 등의 간판이 내걸려 있었다.

농림축산식품부에 등록된 강아지 경매장은 모두 열여덟 곳이다. 매주 전국에서 출하되는 반려동물의 수는 약 5천 마리에 이른다.◆

농촌경제연구원은 이 가운데 약 80퍼센트가 낙찰을 받아 거래된다고 파악했다. 이를 환산하면 강아지의 경우 1년에 약 20만 마리가 경매장을 통해 유통되는 셈이다.

농림축산식품부에서 받은 경매장 목록 가운데 절반은 수도권에 밀집해 있었다(경기 9, 대전 3, 부산 2, 대구 2, 충남 1, 전남 1). 경기도에 사업장을 낸 우리는 경기도 김포, 광주, 남양주 등지의 경매장 네 곳과 자칭 타칭 "전국 최대 규모 거래"를 언급하는 대전의 한 경매장을 찾았다.

대부분의 경매장에는 매주 두 차례 개, 고양이와 사람들이 모였다. 업자들에게 이야기를 들어보니 경매장마다 특색이 있었다. 이를테면 경기도 광주의 '엘레강스경매장'은 소위 '예쁜 개'들이 많이 나오기로 유명했다. 이곳은 경매사가 '수

◆ 〈반려동물 연관산업 발전방안 연구〉, 농촌경제연구원, 2017.

질 관리'를 철저히 하는 편이라고 알려져 있었다.

대전의 '코리아경매장'은 매주 고양이 300마리, 개 500마리 수준으로 많은 동물이 거래되는 곳으로 유명했다.

직접 방문하지는 않았지만 남양주의 한 경매장은 펫숍업자들이 혀를 내두를 정도로 상태가 좋지 않은 개들이 거래되는 곳으로 알려져 있기도 했다.

경매장은 철저한 회원제로 운영된다. 경매장을 처음 찾은 농장주 혹은 펫숍업자라면 꼼꼼한 신분 확인을 거친 뒤 경매장 회원으로 가입해야 출입이 가능하다. 경매장에 따라 회원 가입비를 받기도 한다. 대체로 5만 원 혹은 10만 원이지만, 40만 원으로 책정된 곳도 있었다. 가입비를 받는 경매장에서는 그 돈이 정확히 어디에 어떻게 쓰이는지를 따로 밝히지 않고 있었다.

그런데 말하기에 따라 가입비를 깎아주는 경우가 있었다. 코리아경매장은 40만 원의 가입비가 책정되어 있었다. 우리가 부담을 느끼는 태도를 보이자 가입을 받는 직원이 "사장님한테 잘 얘기하면 좀 깎아줄 것"이라고 했다. 우리는 접수대에 동물판매업 사업자등록증과 신분증 사본을 제출했고 현장에서 10만 원으로 깎인 가입비를 냈다.

경매장이 폐쇄적으로 운영되는 이유는 그들의 주장대로

경매장에는 각 자리마다 입찰에 쓰이는 버튼이 비치되어 있다.

경매장에 들어서면 직원이 그날 경매에 나올 개들의 목록을 나눠준다. 목록
에는 "◇◇농장 말티(몰티즈), 치와와, 포메(포메라니안)" 하는 식으로 농장
이름과 품종이 쓰여 있다.

도소매 가격을 방어할 목적도 있겠지만, 동시에 동물보호단체나 시민들의 시선을 의식한 결과인 것으로 보였다. 일반적인 상품 도매시장의 경우, 업자가 아닌 일반인의 참관이 아예 불가능하거나 회원 자격이 있어야만 거래가 허용되는 건 아니다. 그러나 우리가 방문한 코리아경매장과 경기도 김포의 '한스경매장'에는 "허락받지 않은 촬영을 금지한다"는 내용의 공지가 붙어 있었다.

경매장들은 제각각의 특색을 갖고 있었지만 시설 구조나 운영되는 방식은 대체로 비슷했다. 경매는 매주 두 차례, 평일 오후에 열렸다. 대부분 개를 거래하지만 그 시간 앞뒤로 고양이 경매를 부치기도 했다. 특정일에만 고양이 경매를 여는 곳도 있고 아예 날을 정해두고 종·모견 거래를 하는 경매장도 있다.

경매장 입구에 놓인 물컹한 방역 패드는 바깥 세계와 경매장을 가르는 경계선 같았다. 그걸 밟고 지나면 사람들이 제멋대로 담배를 피우는 좁은 계단이나 복도, 귀퉁이가 헤진 소파가 놓인 공간이 나타났다. 경매장 사람들은 매주 비슷한 방식으로 두세 시간씩 이어지는 경매에 이골이 나 있는 듯 보였다. 사람들은 경매를 기다리며 허름한 공간에서 자기 나름의 시간을 보내곤 했다.

대기실에서 좀 더 깊이 들어가면 경매가 진행되는 공간이 펼쳐진다. 경매장마다 조금씩 차이가 있지만 대부분 50여 평 규모에 100여 개의 의자가 놓여 있다. 대규모 경매장에서는 매 경매마다 100여 명의 사람들이 200여 마리의 강아지를 사고판다.

보통 앞쪽은 펫숍업자, 뒤쪽은 농장주 자리로 배치되었다. 각 자리마다 입찰에 쓰이는 버튼이 비치되어 있었다. 어떤 경매장은 버튼이 천장에 주렁주렁 매달려 있었고, 또 어떤 경매장은 의자에 하나씩 붙어 있었다.

경매장에 들어서면 직원이 일일이 펫숍 이름을 확인한다. 그리고 그날 경매에 나올 개들의 목록을 나눠준다. 목록에는 "◇◇농장 말티(몰티즈), 치와와, 포메(포메라니안)" 하는 식으로 농장 이름과 품종이 쓰여 있었다. 그다음 자리 배치가 이뤄지는데, 대개는 단골 펫숍업자에게 앞자리를 배정해주었다.

맨 앞자리는 VIP석이었다. 어디에도 VIP라고 쓰여 있지는 않았지만 누구나 그 사실을 알 수 있었다. 익히 이름을 들어본 유명한 프랜차이즈 펫숍의 분점들이 첫째와 둘째 줄 자리 다수를 차지하고 있었고, 그 자리에 앉은 사람들은 일명 '큰손'이었다. 경매가 시작되자 이른바 '도매가'로 100만 원에 육박하는 비싼 개들이 종이 박스에 담겨 그들 앞에 착착 쌓이는 걸 볼 수 있었다.

초보 업자였던 우리는 다니는 경매장마다 맨 뒷자리를 배정받았다. 뒷자리에서는 경매에 오른 강아지들의 상태나 얼굴을 제대로 보기가 어려웠다. 경매장을 자주 찾는 펫숍업자들은 더 좋은 자리를 차지한 것에 더해 더 많은 정보까지 갖고 있었다. 그들은 어느 농장이 개를 그나마 건강하게 길러 나오는지, 혹은 어느 농장 출신의 개가 외모가 좋은지 알고 있었지만 초보들에겐 그런 노하우가 없었다. 대략적인 가격과 경매사의 짧은 설명을 듣고 다짜고짜 입찰을 해야 했다. 경매장 직원은 미안한 표정을 지어 보이며 거래를 자주 하면 조금씩 앞자리로 올 수 있다고 우리를 '응원'했다.

경매장에서 가장 눈에 띄는 것은 초록색 플라스틱 우유 상자였다. 2019년 6월 20일 오후에 찾아간 경기도 광주 엘레강스경매장에는 플라스틱 우유 상자 90여 개가 한쪽 벽을 가득 채우고 있었다. 가까이 들여다보니 상자마다 같은 농장 출신 강아지들이 서너 마리씩 들어 있었다. 우리는 우유 상자가 그런 쓰임새로 사용되리라고 미처 생각하지 못했다. 덩치 작은 강아지 여럿을 담기에 적합하고, 겹쳐 쌓아올려도 무너지지 않으며 양 옆으로 숨 쉴 구멍이 뚫려 있어서 "(경매장에서 쓰기에) 유용하다"는 이야기를 나중에야 들었다.

개들은 물건처럼 취급되었다. 우유 상자뿐 아니라 채소나 과일 도매시장에서 흔히 보는 커다란 플라스틱 박스에 담겨 있는 모습도 종종 보았다.

그러나 모든 강아지가 답답한 플라스틱 상자에 담겨 있는 것은 아니었다. 경매장 직원들이 미리 엄선한 '예쁜' 강아지 몇몇은 조명이 환하게 밝혀진 유리 진열장에 놓여 있었다. 유리창에는 "○○농장, 포메, 수컷" 하는 식으로 농장 이름과 품종, 성별 등이 적혀 있었다.

유리 진열장에 담긴 강아지는 플라스틱 상자에 담긴 강아지보다 구매자의 주목을 받기가 훨씬 수월하고, 그만큼 가격도 비싸게 매겨졌다. 구매자들은 유리 진열장을 들여다보며 낙찰받고 싶은 개를 미리 점찍어두기도 했다.

태어난 지 얼마 되지도 않은 강아지들이 경매장을 찾은 사람들의 사정을 알고 있을 리 없다. 손바닥만 한 강아지들은 플라스틱 상자에서, 유리 진열장에서 곧 헤어질 농장 동기들과 장난을 치거나 서로 몸을 기댄 채 잠들어 있었다.

수십 마리의 강아지들은 예측할 수 없는 긴 여행을 앞두고 있었다. 어느 펫숍에 팔려갈지, 팔리지 않아 다시 농장으로 돌아갈지, 병이 들거나 자꾸 짖는다는 이유로 결국 버림받고 말지. 물론 경매장에 앉아 있는 사람들도 강아지의 운명을

개들은 물건처럼 취급되었다. 우유 상자뿐 아니라 채소나 과일 도매시장에서 흔히 보는 커다란 플라스틱 박스에 담겨 쌓여 있기도 했다.

아래 '엄선'된 강아지들은 우유 상자가 아닌, 환한 조명이 밝혀진 유리 진열장에서 경매를 기다린다. 유리장에 진열된 강아지들은 상대적으로 높은 가격에 거래된다.

알 수 없기는 마찬가지였다.

현장에서 만난 농장주와 경매사들의 말을 종합하면 경매장에서 거래되는 강아지들의 대부분은 생후 40~50일령이었다. 작고 어린 개를 선호하는 국내 구매자들의 입맛에 맞춰 더 좋은 가격을 받으려면 어리고 작은 강아지를 팔 수밖에 없다는 것이다. 하지만 국내 동물보호법에 따르면 농장주와 경매업자 등 동물판매업자는 생후 2개월 미만의 개·고양이를 판매, 알선 또는 중개해서는 안 된다.

어미로부터 일찍 떨어진 강아지들은 면역력이 약할 뿐 아니라 사회화도 덜 되어 있다. 어린 강아지를 귀엽다고 구매해놓고 얼마 지나지 않아 '몸이 약하거나 성격이 좋지 않다'는 이유로 거리에 내다 버리는 일의 서막이 경매장에서부터 시작되는 것이다.

지금 대한민국에 사는 개 660만 마리 가운데 상당수가 이런 여정 끝에 우리 곁에 왔을 것이다. 번식장에서 태어난 지 두 달도 채 되지 않아 경매장으로 옮겨지고, 경매사 손끝에 매달려 흔들리며 가격이 매겨지고, 누군가에게 낙찰받아 종이 상자에 담겨 건네지고, '품질'을 확인받고, 간신히 반품을 면해 펫숍 유리장에 진열되다 누군가의 눈에 띄어 가족과 이름을 얻은 개들. 그 개들이 지금 우리 곁에 있다.

동물을 상업적 목적으로 길러 사고파는 일을 규제하는 것은 세계적 흐름이다. 미국 및 유럽 일부 국가는 돈을 주고 반려동물을 거래하는 것을 금지한다.

미국 캘리포니아주는 2019년부터 개인 간의 소규모 거래가 아닌, 번식장에서 태어난 개들을 상업적으로 거래할 경우 마리당 500달러의 벌금을 물린다. 영국은 2018년부터 6개월 이하의 개와 고양이 펫숍 판매를 금지했다. 어린 반려동물을 거래하는 산업 구조를 해체한 것이다.

반면 한국에서는 반려동물이 여전히 돈의 논리에 의해 사고팔린다. 경매장은 그 핵심이다. 그곳에서 무슨 일이 벌어지는지, 그곳의 강아지들이 어떤 과정을 거쳐 어디로 팔려나가는지 경매장 특유의 폐쇄적인 구조 때문에 일반인들은 알 수가 없다. 경매장을 전전하는 개의 운명에 대해 사람들이 전혀 알지 못하는 이유다.

15초,
생명이 판가름 나는 시간

스포트라이트가 켜졌다. 경기도 광주 엘레강스경매장의 경매사가 불빛 아래 강아지를 들어 보이며 간단한 브리핑을 시작했다. 사람 손에 치켜들린 강아지는 꼬리를 안으로 바짝 말아 넣고 주위를 두리번거렸다.

"크림 푸들입니다. 암컷, ○○농장이에요, 30만(원)!"

접이식 의자에 앉은 50여 명의 구매자들이 아무런 반응을 보이지 않자 경매사는 금세 포기했다. "유찰할게요." 선택받지 못한 크림 푸들은 순식간에 우유 상자로 돌아갔다.

익숙한 일인 듯 경매사는 다른 강아지를 집어 올렸다. "크림 색깔입니다. 사이즈 좋고 괜찮은 암컷입니다. 크림 푸들 암컷 30만입니다. 30만 없나요?" 이번에는 경매사가 좀 더 밀어붙였다. "팔아볼까요? 20만입니다. 20만!" 단번에 10만 원을 깎았지만 입찰자는 좀처럼 나타나지 않았다.

이번에는 다른 개를 들어올렸다. 가격도 더 낮췄다. "이번엔 10만부터 갑니다. 10만 없습니까?" 여전히 반응이 없자 가격이 또다시 확 꺾였다. "1만, 네 38번." '38번 구매자'가 10만 원에서 시작한 강아지를 1만 원에 낚아챘다.

이후에도 경매는 쉴 새 없이 이어졌다. "다음 레드 컬러입니다. 얼굴이 되게 작고 예쁘장합니다. 작은 아이들 원하시면 괜찮을 것 같은데요. 30만부터 갑니다. 31, 32… 40, 41… 50(만 원), 3번!"

약 60초 동안 두 마리가 낙찰되고 두 마리가 유찰되었다. 마리당 거래 시간은 15초면 충분했다. 1분 만에 같은 농장 출신 푸들 네 마리의 운명이 갈렸다. 두 마리는 각각 50만 원과 1만 원에 낙찰됐고, 두 마리는 재경매에 부쳐졌다. 선택받지 못해 최종 유찰된 강아지들은 다시 흔들리는 차를 타고 또 다른 경매장으로 이동할 것이었다.

경매가 이어지는 두세 시간 동안 경매사들은 쉬지 않고 강아지를 치켜들었다. 1킬로그램도 채 안 되는 강아지였지만 수백 마리를 들었다 놨다 하는 일은 고역일 것이다. 그래서 어느 경매장은 보조 경매사들이 돌아가며 개를 들어주기도 했다.

어떤 곳은 기계 설비를 도입했다. 경기도 김포 한스경매장에는 컨베이어 벨트가 있었다. 강아지들은 농장 이름이 쓰인 투명 플라스틱 상자를 타고 경매 순서대로 등장했다. 잠이 덜 깬 강아지는 덜컹거리며 이동하는 상자 안에서 깜짝 놀라 몸을 벌떡 일으켰다. 잠이 깬 강아지는 영문도 모른 채 천진하게 꼬리를 흔들어댔다.

천장에 달린 밝은 조명과 카메라가 상자 속 개들을 비췄다. 그러면 경매장 가운데 놓인 대형 모니터에 실시간으로 강아지 영상이 확대되어 나타났다. 우리가 현장 취재한 모든 경매장에는 대형 모니터가 필수품처럼 내걸려 있었다.

강아지가 거래되는 방식은 흔히 경매장에서 물건을 사고 파는 과정과 다를 게 없었다. 경매사는 농장이 원하는 가격에서 출발해 1만 원 단위로 높여가며 가격을 불렀다.

반응이 없으면 절반으로 가격을 낮추거나 처음보다 훨씬 낮은 가격으로 시작가를 조정해 부르기도 했다. 때로는 "ㅇㅇ농장 사모님 어디 가셨어요? 최저 얼마까지 줄 수 있어요?" 같은 질문으로 농장주와 즉석에서 가격을 흥정하기도

했다. "△△ 사장님, 어디 가셨어요? 암컷인데 20만 원도 안
돼. 차라리 번식하는 게 낫겠어. 그래도 팔까요?"라며 경매사
가 직접 판매에 개입하기도 한다. 태어난 지 두 달도 되지 않
은 몰티즈는 순식간에 제값을 못 받겠다는 이유로 끝없이 새
끼를 배고 낳을 운명에 몰렸다.

10만, 11만, 12만… 끝없는 읊조림은 이 세계를 굴리는 주
문 같았다. 경쟁 입찰은 구매자의 심리를 자극했다. 마음에
드는 강아지의 가격이 올라갈수록 구매자들은 버튼을 누르
며 덤볐다. 몇몇 개들은 더 낮은 값으로 재경매에 부쳐지다
가 1차 경매 시작 가격보다 높은 가격에 낙찰되기도 했다.

구매자들은 필요한 품종의 목록을 미리 적어오거나 그날
의 경매 리스트를 보고 관심을 갖고 지켜볼 농장의 번호에
미리 표시를 해두기도 했다. 관심 없는 농장 개들의 경매가
이어질 때는 지루한 시간을 때우기 위해 삼삼오오 나가 수다
를 떨거나 휴대폰 게임에 몰두했다.

강아지가 누군가에게 낙찰되면 종이 상자에 담겨 구매자
에게 전달된다. 낙찰자는 개를 받으면 개의 상태를 빠르게
확인했다. 외모와 가격만으로 낙찰받았으므로 넘겨받은 다
음에는 반드시 건강 상태를 확인해야 한다. 구매자는 강아지
의 귀, 이빨, 항문, 배꼽을 육안으로 확인하고 귀와 항문 냄새

를 맡고 심장 소리를 들었다. 경매장 한편에 놓인 불린 사료를 가져다 먹여보기도 했다.

귀지가 많거나, 이빨 상태가 좋지 않거나, 항문이나 배꼽이 튀어나와 있거나, 무른 변을 싼 흔적이 있거나, 밥을 잘 먹지 않으면 '반품' 사유가 됐다. 구매자들은 모든 조건이 만족스러우면 개를 다시 상자에 담고 신문지를 잘게 찢어 함께 넣어주었다.

사람 손에서 영문도 모른 채 조용히 버둥거리던 강아지들은 이때부터 조금씩 울기 시작한다. 방금 전까지만 해도 비록 플라스틱 우유 상자 속일지언정 같은 농장 출신 동기나 형제자매끼리 부대끼며 지내고 있었는데, 부지불식간에 낯선 냄새 가득한 종이 상자에 홀로 들어가 있자니 불안이 밀려왔을 것이다.

어쩌면 개들은 이 순간부터 체념을 배워나가는 것일지도 모른다. 쌓여가는 종이 상자 옆에서 휴대폰을 들여다보고 있는 펫숍업자는 상자 밖으로 나오고 싶어 낑낑대는 강아지를 안아 올려 따뜻한 무릎 위에 앉혀주지 않는다. 강아지들은 상자째로 차를 타고 어느 도시의 펫숍에 도착해 운이 나쁘면 그날 밤 내내 상자에 갇혀 있어야 할 수도 있다.

취재 중에 만난 서울 성동구의 한 펫숍 아르바이트생에 따

경매사와 보조원이 컨베이어 벨트를 타고 이동한 강아지를 들어 보이고 있다.

강아지는 경매장에서 난생 처음으로 형제자매 강아지들과 떨어져 혼자가
된다.

르면 배달된 강아지들은 계속 상자 안에 있다가 다음 날이나 되어야 나오는 경우도 있다고 한다. 경매 이튿날에야 상자에서 유리장으로 옮겨지는 일도 왕왕 있다는 것이다.

가장 큰 문제는 아무리 울어도 상자에서 나갈 수 없고, 배가 고파 엄마 젖을 파고들고 싶어도 그럴 수 없는 삶이 생후 40일경에 시작된다는 것이다. 동물보호법상 2개월 이하의 동물 거래는 금지되어 있다.

그러나 현장에서 만난 농장주들의 말을 종합하면 경매장의 강아지들은 대체로 생후 40~45일에 불과했다. 번식업자와 경매업자의 논리는 이때 경매장에 나와야 펫숍에서 생후 2개월경에 판매를 시작할 수 있다는 것이다.

경매가 진행될수록 현장은 아수라장이 되었다. 개들은 울고 사람은 가격을 소리치고, 그 와중에 분주하게 낙찰과 유찰과 반품이 거듭된다. 낙찰가는 대략 30만 원에서 많게는 100만 원 이상, 적게는 1만~5만 원 선에서 정해졌다. 경매장은 낙찰가의 5~5.5퍼센트의 수수료를 펫숍과 농장으로부터 각각 받는다. 낙찰가의 10~11퍼센트를 수수료로 챙기는 셈이다.

더 많은 이익을 얻으려면 더 많은 강아지를 팔아야 한다. 2019년 7월 2일 찾아간 경기도 남양주 펫사랑경매장은 유찰을 피하는 상술을 발휘했다. 팔리지 않을 것 같은 개를 미리 점찍어뒀다가 다른 개와 '1+1세트'로 팔았다. 한 마리 가격에 두 마리를 사 가라는 것이었다.

이 경매장에서는 세 시간 남짓한 시간 동안 57개 농장에서 온 약 300마리의 개를 경매에 부쳤다. 재경매를 제외한 낙찰가를 합하면 경매장의 이날 하루 매출은 대략 3,300만 원이었다.

안 팔린 강아지를 재고품으로 쌓아둘 수는 없으므로 '0원'에 팔기도 했다. 포메라니안이 섞인 것으로 보이는 믹스견을 집어 든 경매사는 "원하는 분?"이라고 짧게 말했다. 반응이 없자 믹스견의 농장주가 뒷자리에서 목소리를 높여 "그냥 가져가라"고 거들었다.

그 개는 특정 품종의 특징이 두드러지지 않고, 검은 털과 갈색 털이 어지럽게 섞여 있었다. 한눈에 보아도 펫숍에서 인기를 얻기는 어려울 것 같았다. 강아지는 경매사에게 높이 치켜들린 채 영문도 모르고 버둥거리고 있었다.

한 펫숍업자가 강아지를 데려가겠다고 손을 들었다. 하지만 강아지는 몇 분 지나지 않아 "냄새가 좋지 않다"는 이유로 반품됐다. 믹스견이라는 이유로, 건강 상태가 그다지 좋아 보이지 않는다는 이유로 반품된 개는 태어난 지 두 달도 안

되어 0원짜리 '재고품'으로 값이 매겨졌다.

'재고 처리'를 못한 농장주는 난감한 표정을 지었다. 사료 값도 벌어오지 못하는, 이 세계에서 가치 없는 개의 내일은 어떨지 우리는 궁금하고 불안했다.

목숨을 건
목욕

　좀 더 높은 가격을 받기 위해 강아지들은 목욕과 미용을 당한다. 경매장에는 목욕실이 있다. 목욕하고 미용까지 마치는 비용은 강아지와 새끼 고양이 3천 원, 수입견 4천 원, 다 자란 개와 고양이 1만 원 등이다.

　2019년 6월 25일, 경기도 김포 '한동경매장' 목욕실 앞에는 플라스틱 상자에 담긴 개들이 줄을 서 있었다. 목욕을 기다리는 강아지들이었다. 농장주들은 개를 출하하기 전에 개가 최대한 예뻐 보이도록 단장시킨다. 어린 강아지가 예뻐 보이려면 깨끗하고 털이 보송보송한 것 말고는 별 다른 방법

미용비
소형견 3.000원
(웰시,프렌치,이탈리안,시바포함)
대형견 5.000원

현재 3대질병 (파보,코로나,
너무 발병하는 관계로
특수견, 대형견, 의심되는
무조건 키트를 찍고 있습
판매자분들께서는 키트
청구되는 점을 양해 부탁드

경매장 한쪽에선 경매를 앞둔 강아지들의 미용이 한창이었다. 너무 어려 면역력이 약한 강아지들은 낯선 환경에서 함부로 목욕을 당하다가 쇼크로 죽기도 한다.

이 없다. 농장에서 목욕을 마치고 오는 개들도 많았지만 바쁜 농장주가 미처 목욕을 시켜 오지 못했을 때는 몇천 원에 해결하는 것이 이 세계에서는 합리적이다.

목욕실을 들여다보니 미용사 두 명이 분주하게 일을 하고 있었다. 개수대 앞에 선 미용사가 한 손으로 개를 쥐고 다른 한 손으로 비누칠을 했다. 개들은 태어나 처음으로 온몸에 물을 끼얹는 경험을, 이렇게 무방비 상태에서 갑작스럽게 겪어야 했다.

평범한 가정에 분양된 강아지의 첫 목욕은 어떨까. 금지옥엽 같은 새 식구를 처음 목욕시키는 반려인들은 떨리는 마음으로 물 온도를 재고, 조심스럽게 강아지를 대할 것이다. 포털 사이트에 '강아지 목욕'만 검색해보아도 강아지를 언제 목욕시켜도 될지, 주의사항은 무엇인지 꼼꼼히 따져 묻는 사람들이 많음을 알 수 있다.

수의사들은 생후 2개월 이하 면역력이 약한 강아지의 목욕은 가급적 피하라고 조언한다. 너무 어린 강아지를 목욕시키면 물에 대한 트라우마가 생길 수 있다고도 설명한다.

그래서 월령이 어린 개의 경우 필요하다면 따뜻한 수건으로 귀나 발만 닦아주는 것을 권한다. 하지만 반려견이 경매장과 펫숍을 거쳐 왔다면, 이미 그 개는 강렬한 목욕의 기억을 가지고 있을 것이다.

경매가 진행되는 중에도 다음 차례를 앞둔 개들이 노란 플라스틱 상자에 담겨 미용을 받으려고 줄을 서 있었다. 목욕을 끝낸 강아지들은 가로세로 약 70센티미터 정도 되는 상자 형태의 드라이룸에서 어리둥절한 표정으로 몸을 말렸다. 미용사는 드라이를 마친 개들을 기계적으로 빗질했다.

포메라니안처럼 모량이 중요한 개는 털을 가지런히 정돈한 뒤 최대한 풍성해 보이도록 뒤에서 앞으로 털을 쓸어올렸다. 털이 많은 포메라니안은 다른 종들보다 높은 가격인 5천 원의 목욕비를 받았다.

마지막으로 귓속을 닦고 눈곱까지 떼고 나면 다시 농장 이름이 쓰인 플라스틱 상자에 담긴다. 방금 전까지 꼬질꼬질했던 개들이 목욕 후엔 털이 빵빵한 인형처럼 변했다.

강아지들에게 이 과정은 목숨을 거는 일이다. 목욕실 앞에는 '목욕하다 폐사하는 경우 경매장의 책임이 없다'고 적혀 있었다. 너무 어려 면역력이 약한 강아지들이 낯선 환경에서 목욕을 당하다가 쇼크로 죽을 수도 있다고 경고하는 것이다.

다행히 많은 개들이 그 시간을 무사히 견뎌내지만 한편에는 그런 죽음도 있다는 것을 우리는 경매장에 와서야 알게 되었다. 개들은 목숨을 걸고, 농장주들은 강아지를 위험한 목욕 끝에 낙찰가를 더 받게 할지 말지에 운을 내건다.

개들이 목숨을 걸고 목욕실에 들어가는 이유는 경매장에서 가격이 매겨지는 최우선 조건이 외모이기 때문이다. 건강 상태는 그다음이었다. 강아지들은 '외모 공식'을 갖춰야 했다. 몰티즈는 몰티즈로서, 포메라니안은 포메라니안으로서 알맞은 얼굴 형태나 두상, 몸 크기 등을 갖춰야 한다고 경매사와 농장주 들은 설명했다. 그래서 경매사들은 강아지를 들어 올릴 때마다 목덜미부터 정수리까지 쓸어 올려 털이 풍성해 보이게 했다. 그래야 높은 가격을 받을 수 있기 때문이다.

견종마다 충족되어야 하는 기준이 달랐다. 치와와는 짱구처럼 이마와 뒤통수가 동그래야 하고 포메라니안은 주둥이가 짧고 모량이 많아 귀가 잘 안 보일 정도로 덮여야 좋은 값을 받을 수 있다.

펫사랑경매장의 경매사는 한 비숑프리제를 손에 들고 이렇게 소개했다. "A급 비숑이에요. 완전 때렸어. 주둥이가 딱 붙었습니다." 주둥이가 붙어 '비숑다운' 외모를 갖춘 그 강아지의 경매가는 80만 원에서 시작했다.

견종 구분 없이 모두에게 적용되는 미적 기준도 있었다. 아이라인이 있는지, 털이 풍성한지, 치아의 아래위가 잘 맞는지, 코 색깔은 어떤지 등이다.

외모를 쉽게 구분 지을 수 있는 그들만의 용어를 쓰기도 했다. 앞서 한 차례 설명했듯 부정교합으로 아래턱이 많이 나와 있으면 '언더', 윗니가 아랫니를 지나치게 많이 덮고 있으면 '오바'라고 불렀다. 코의 색소가 부족하면 코가 붉다고 '홍코'라고 했다. 그런 외모 때문에 값어치가 없다고 판단되면 경매가는 곤두박질쳤다.

펫사랑경매장에서 만난 한 '포피츠(포메라니안과 스피츠의 믹스종)'는 꼬리 끝이 꺾여 있었다. '하자'가 있으므로 반품 불가를 조건으로 4만 원에 낙찰됐다. 대전 코리아경매장에서는 "도대체 왜 꼬리를 자른 거냐"고 경매사가 농장주를 면박 주는 일도 있었다. 농장주가 강아지의 꼬리를 짧게 잘라온 것이었다. 그 강아지의 경매가는 1만 원부터 시작되었다.

아직 어린 개체라 두개골 천문이 채 닫히지 않았거나 탈장이 있는 개도 있었다. 미처 자라지 못한 채 팔려나온 개는 함량 미달로 취급된다. 경매사는 "숨골이 어느 정도 있으니 참고하라"거나 "탈장은 있지만 얼굴이 예쁘다"고 포장했다. 강아지의 외모를 소개하고 가격을 매기는 흥정을 보고 있자니 나는 얼마짜리 인간일까 궁금해질 정도였다.

한바탕 경매가 끝나면 유찰되거나 반품된 개들이 재경매에 올랐다. 펫숍업자들은 여러 이유로 현장에서 개를 반품할 수 있었다. 반품된 개들은 하자 딱지를 붙인 채 재경매를 기다린다.

개들이 담긴 종이 상자에는 반품 이유가 쓰여 있었다. 탈장, 귀가 깨끗하지 않다, 항문에서 냄새가 난다, 눈곱이 많이 꼈다, 숨골이 크다, 부정교합, 아이라인이 없다, 심장 소리가 나쁘다, 밥을 잘 먹지 않는다… 외모부터 건강 문제까지 하자 이유는 다양했다.

재경매도 앞선 경매와 같은 방식으로 진행되었다. 다만 또다시 반품이 발생하지 않도록 경매사가 반품 이유를 밝혔다. "◇◇농장, 포메입니다. 아이라인이 옅다고 반품됐는데요, 이정도면 예쁘죠. 모량 풍성하고요. 잘 키워오시는 농장이에요. 자, 20만부터 갑니다. 20만, 21, 22, 23….."

재경매라고 꼭 낮은 가격에만 거래가 이뤄지는 것은 아니었다. 어떤 개들은 재경매에서 더 높은 가격에 낙찰되기도 했다. 농장주들이 마지막까지 긴장의 끈을 놓지 않고 자기 개가 얼마에 낙찰되는지 지켜보는 것도 그 때문이다.

장이 작게 서는 날에는 재경매 없이 경매가 끝나기도 했다. 그런 날에는 경매사가 "오늘은 재경매가 없다. 낙찰받지 못하면 못 데려간다"고 여러 차례 강조하며 구매를 유도하곤 했다.

경기도 김포의 한스경매장에서도 그랬다. 한스경매장에서는 매주 두 차례 경매가 열리는데, 하루는 시장이 작게 열리고 하루는 수백 마리 개, 고양이가 경매에 오른다. 재경매가 없는 날에는 경매가 끝난 뒤 구매자들이 강아지들의 대기실인 '준비실'로 들어가 유찰된 개들을 살펴보고 가격 협상을 하기도 했다.

재경매에서도 팔리지 못한 개들은 그날 다시 농장으로 돌아간다. 하루 혹은 이틀 뒤, 농장주는 강아지를 데리고 다른 경매장을 찾거나 한 주 뒤 같은 경매장에 다시 데리고 간다.

운이 좋으면 누군가 낙찰받아 강아지를 데리고 가지만 몇 차례 유찰 또는 반품이 반복되면 강아지는 상품으로서 가치를 잃고 그새 몸집만 자란다. 작고 귀여운 개를 선호하는 정서는 경매장에서도 다를 게 없다. 나이가 들고 몸집이 커질수록 인기와 가격은 떨어진다.

다음을 기약하기 난감한 문제들도 있었다. 곰팡이성 피부염 등 눈에 띄는 전염성 질병을 앓고 있는 강아지들은 가격도 불리지 못한 채 낙오했다. 펫숍의 다른 개들을 전염시킬수 있기 때문에 이들은 누구에게도 환영받지 못한다.

경기도 광주의 엘레강스경매장 경매사는 단상에 오른 한 농장의 강아지 세 마리를 차근차근 훑어보더니 "배꼽 탈장이 심하네"라고 말하고는 모두 경매에 부치지도 않고 걸러 버렸다.

몇 곳의 경매장을 다니면서 우리는, 이토록 하자 많은 개들이 넘쳐나는 줄 처음 알았다. 이외에도 강아지들은 눈에 보이지 않는 수많은 신체·정신적 건강 문제를 품고 있을 가능성이 많았다.

경매장을 취재할수록 의문이 커졌다. 이렇게 외모가 좋지 않거나 건강하지 않다는 이유로 계속 유찰을 거듭하는 개들은 어디로 가는 걸까. 곰팡이성 피부염이나 탈장 상태가 나아지기까지는 시간이 걸릴 테고 그러다 보면 강아지는 커질 텐데 이 친구들은 어떻게 되는 걸까. 농장주는 피부병에 걸린 강아지를 치료하고, 먹이고, 키우는 비용과 그러다 몸이 커진 개를 싼값에 파는 비용을 놓고 저울질하다 어떤 판단을 내릴까.

우리는 사람이 썰물처럼 빠져나간 한스경매장에서 한 농장주를 만났다. 그는 철장에 혼자 있는 갈색 푸들 앞에서 입맛을 다시며 서 있었다. 제법 몸집이 큰 그 개는 모처럼 사람에게 관심을 받아 좋은지 반가운 눈빛으로 농장주를 바라보았다. 몸을 벌떡 일으키고 선 개의 눈에는 호기심과 궁금증이 잔뜩 서려 있었다.

농장주가 경매장 직원에게 물었다. "얘는 얼마야? 5개월쯤 됐을라나?" 경매장 직원이 무심하게 대답했다. "15만 원에 가져가요."

그 개가 얼마 동안 갇혀 있었던 건지 가늠할 수 없었다. 경매장 직원은 질문에 이골이 난 듯 갈색 푸들에게 눈길도 주지 않았다. "모견으로 데려가시게요?" 우리가 물으니 농장주가 마음에 든다는 듯 웃으며 "응"이라고 답했다.

생후 5~7개월이 되도록 팔리지 못한 강아지 가운데 일부는 모견이나 종견 후보로 경매장에 돌아온다. 갈색 푸들도 그런 강아지 중 하나로 보였다. 원래 농장에서 다른 농장으로, 철장에서 태어나 다시 철장으로 돌아가는 것이다.

생후 1년이 되기 전부터 번식을 시작하는 종·모견들은 보통 8~9년, 또는 죽을 때까지 임신과 출산을 반복하며 새끼를 '빼는' 일만 하게 된다.

우리는 경기도 여주에서 만난 어느 농장주를 남양주 펫사랑경매장에서도 만난 적이 있다. 그는 우리가 취재한 산촌애견 인근에서 불법 농장을 운영하는 농장주였다. 산촌애견의 직원 ㄱ씨는 우리에게 그를 "크게 사업하시는 분"이라고 소개했다.

2019년 6월 당시 "지금 기르는 개들이 많은데 (농장이 불법이라 9월부터 경매장 출입 불허가 되어) 개를 내다 팔지 못하면 어떻게 해야 하냐"며 고민을 토로하던 농장주였다.

그가 인상적이었던 이유는 그 고민을 늘어놓은 지 얼마 지나지 않아 펫사랑경매장에서 포메라니안 여러 마리를 사들이는 것을 목격했기 때문이다. 종·모견용으로 낙찰받는 건지 물으니 그는 "그렇다"고 답했다. 우리는 그를 통해 새끼 때부터 종·모견 후보가 되어 철장으로 돌아가는 개들의 존재에 대해 알게 되었다.

이런 케이스도 있었다. 경기도 김포의 번식장을 취재하던 중, 우리는 카리스마애견에 있는 2개월쯤 되어 보이는 포메라니안을 발견했다. 그 개는 한눈에 보아도 비싼 가격을 받을 것이라 예상할 수 있을 만큼 외모가 좋았다.

농장주가 말했다. "너무 예쁘죠? 쟤는 종견으로 키우는 애예요. 종견으로 옆집에서 사갔어. 근데 놓을 자리 없다고 해서, 일단 우리집에서 백신 놓고 키우고 있어. 숱이 엄청 많잖아. 예쁘게 생겼어요."

어떤 강아지는 못났다는 이유로 가족을 만나지 못하고, 또 다른 강아지는 예쁘다는 이유로 평생 철장에 갇혀 지내는 역설을 우리는 도무지 이해하기 힘들었다.

반려동물 경매장은 동물을 매개로 한 욕망이 모이는 곳이다. 돈은 사람을 끌어모은다. 경매장은 농장주, 펫숍업자, 경매장 운영자까지 개를 사고팔며 살아가는 사람들을 한눈에 목격할 수 있는 공간이었다.

이 모두가 사람이 벌인 일이므로 우리는 경매장에 모인 사람들의 몸짓과 태도, 대화 등에 자꾸만 이목을 집중할 수밖에 없었다. 우리는 이 업종이 사라지길 바라는 입장이었지만 시스템이 아닌 사람을 비판하고 싶지는 않았다.

실제로 그들이 모두 괴물은 아니었다. 심장이 뛰는 생명을 돈으로 치환해 사고파는 일을 하고 있었지만 어떤 면에서는 인간적이기도 했다. 그들은 때때로 초보 업자인 우리의 안위를 진심으로 걱정하곤 했다.

"언니들은 왜 개 안 사? 김 사장님네 푸들 데려가 봐. 잘 키우는 집이야." "갈색 푸들 한 마리 5만 원씩에 줄 테니까 한번 데려가 봐요." 한동경매장의 직원은 우리에게 끊임없이 구매를 권유했다.

경매장은 모두가 하나의 목적으로 모인 공간이다. 개를 팔아서 돈을 버는 것. 한 마리도 못 팔고 돌아가는 농장주는 있었지만 개를 한 마리도 사지 않고 돌아가는 펫숍업자는 거의 없었다. 그도 그럴 것이 펫숍업자들은 장사할 시간을 할애해서 나왔기 때문에 원하는 가격에, 원하는 개를 찾아서 돌아가야만 했다.

그런 분위기 때문인지 개를 한 마리도 사지 않는 우리는 그들의 눈에 띌 수밖에 없었다. 펫사랑경매장의 직원은 우리에게 "분양장이 몇 개예요? 좀 채웠어? 일단 (개를 낙찰받아서 가게에) 데려다 놓아봐야 감이 올 것"이라며 조언하기도 했다. 이들의 말에는 빈손인 우리에게 한 마리라도 더 팔겠다는 의지도 담겨 있었지만 한편으로는 진심으로 '저 언니들 어쩌나, 저렇게 빈손으로 구경만 하고 다니다간 망할 텐데'라는 걱정도 스며 있었다. 그들은 각자의 자리에서 제 몫을 다하는 생활인이기도 했으므로.

그들이 동물이 좋아서 이 일을 한다고 말했을 때는 조금 놀라웠다. 무엇이 이 사람들로 하여금 심장이 뛰는 생명을 '생산-유통-판매'하는 일을 아무 일도 아닌 것처럼 느끼게 하는지 궁금했다.

하지만 우리는 얼마 지나지 않아 깨달았다. 경매장 취재를 연이어 하면서 우리는 한 달여 만에 그 아비규환 속에서 농담을 주고받기 시작했고, 쳇바퀴처럼 굴러가는 경매장의 시간에 무뎌져 갔다. 정신을 차리고 보니 가슴이 내려앉는 느낌이었다.

우리는 반려동물 산업 종사자 각각의 역할을 들여다보면

이 세계가 어떻게 굴러가는지 확인할 수 있으리라 생각하며 관찰했다.

경매 시작과 함께 경매사가 단상 가운데 선다. 일군의 직원들은 우유 상자에서 강아지를 꺼내 배에다 네임펜으로 각 농장의 번호를 적어 넣는다. 배 한쪽에는 그날 나눠준 목록에 적힌 농장 번호를 쓰고, 다른 한쪽에는 해당 농장에서 몇 번째로 나오는 개인지 번호를 매긴다. 이를테면 강아지의 한쪽 배에 17, 그 옆에 2라고 쓰여 있다면, 그날 경매 목록에 쓰인 '17번/○○농장/치와와, 몰티즈, 포메' 가운데 두 번째로 나오는 개라는 뜻이다.

보조 경매사들은 낙찰된 개를 종이 상자에 넣어 구매자에게 가져다준다. 구매자 가운데 누군가 반품을 요청하면 사유를 듣고 접수하는 일도 한다. 단상 옆 컴퓨터 앞에 앉은 직원들은 번호가 매겨진 개들이 얼마에, 어느 펫숍에 낙찰되는지 기록한다. 경매가 모두 끝난 뒤 계좌 입금 등을 통해 값을 치르기 때문인지, 대부분의 경매장에서 두 직원이 경매 결과를 꼼꼼하게 기록했다.

단상을 바라보고 앉은 펫숍업자와 농장주 들의 대조적인 모습도 인상적이었다. 100여 개쯤 펼쳐진 좌석의 절반 앞부분은 대개 펫숍업자들이 자리했다. 20~40대로 보이는 젊은

층이 다수였다. 농장주인 판매자들은 대체로 60대 이상으로 보였다.

도시에서 온 구매자들은 트레이닝복, 슬리퍼 차림에 화려한 액세서리나 값비싼 시계로 치장하고 있는 경우가 많았다. 휴대폰을 여러 개 쓰는 이들도 많았다. 구매자들은 서로 안면이 있는 듯 낙찰받은 개의 상태를 함께 봐주기도 했다.

뒷자리에 앉은 농장주들은 소박한 옷차림이거나 작업복 차림 그대로 오기도 했다. 농장주들은 경매가 서는 날이면 평소보다 바쁘기 때문이다. 몇몇 경매장은 경매 당일 일찍 납품하러 오는 농장에 선착순으로 좋은 번호를 선택할 권한을 주기 때문에 일단 경매장으로 출근해 번호를 받은 다음 개들을 단장시켜 데려오기도 했다.

현장에서 만난 농장주들에 따르면 대부분 경매 순서 중 중간 번호를 선호했다. 경매 초반에는 사람이 다 들어차지 않아서 앞번호는 불리하다고 했다. 나중에 더 좋은 개가 나올지 모른다는 구매자들의 심리 때문에 낙찰율이 떨어지는 것도 이유라고 했다. 뒷번호를 받으면 구매자도 판매자도 지쳐 주목도가 떨어진다고 했다.

고단한 농장주들은 팔짱을 끼고 단잠에 빠져들기도 했다. 그러다 자기 농장 경매가 진행되면 잠시 집중하며 강아지가 반품되거나 낮은 가격에 입찰되지는 않을지 촉각을 곤두세웠다.

반품은 개를 키운 농장주의 자존심을 긁는 일이기도 했다. 카리스마애견 농장주는 경매가 끝나고 나서도 분이 풀리지 않는지 "귀가 지저분하다는데, 건강 관리를 얼마나 열심히 하고 깨끗이 씻겨서 데려왔는데 별 시덥잖은 이유로 반품을 한다"며 화를 냈다.

반품된 개들을 재경매하는 시간에 낮아진 개 값에 반발하는 농장주도 있었다. 한동경매장에서 경매사가 한 몰티즈를 들고 경매를 부칠 때였다. "몰티즈 이쁜데, 부정교합이 약간 있네요. 20만 원!" 몰티즈는 20만 원을 부르자마자 바로 낙찰됐다. 그러자 뒷편에 앉아 있던 한 농장주가 화를 내며 소리를 질렀다. "25만 원 받으라니까 왜 20만 원에 파냐!"

경매를 진행하는 경매사는 대체로 경매장 운영자였으나 일부 경매장에서는 '월급 경매사'를 고용해서 썼다. 경매사가 되기 위해 필요한 자격증이나 조건은 따로 없다. 관계자에 따르면 "개농장을 하는 사람 중에 말재간이 좋아서 채용되는 경우도 있다"고 한다. 경매사에 따라 경매장마다 미묘하게 분위기가 달랐다.

이를테면 엘레강스경매장의 경매사는 진행을 잘하고 경매

장 개들의 '품질 관리'를 잘하기로 유명하다. 이곳에서 만난 한 펫숍업자는 "경매가 빠르게 진행되고 가끔 경매사가 순서도 바꾸기 때문에 집중해서 버튼을 쥐고 있으라"고 귀띔했다.

그는 개의 특징을 콕 집어 잘 설명하고 어떤 경우에는 농장주에게 "일주일만 더 길러 오라"고 조언하는 등 본인이 판단하기에 판매가 부적합한 개는 아예 경매에 부치지도 않고 거르기도 했다.

경기도 남양주 펫사랑경매장 경매사는 늘 가격을 높이 불렀다가, 반응이 없으면 바로 반쯤 꺾인 가격을 제시하곤 했다. "30만 원? 없나요? 15만 갑니다." 구매자들은 그의 방식을 잘 안다는 듯, 첫 번째로 부른 가격에 입찰 버튼을 누르는 경우가 거의 없었다. "10만, 12만, 13만, 15만…" 입찰 경쟁이 붙으면 슬그머니 숫자를 건너 뛰며 가격을 부르는 것도 그의 특징이었다.

펫숍업자, 농장주, 경매사 외에도 이곳에서 돈을 벌어 가는 사람들이 있었다. 미용사였다. 미용사는 마리당 3~4천 원에 강아지 목욕과 미용을 시켜주고 경매장과 수익을 나눈다.

관련 구인·구직 웹사이트에서는 2019년 기준 일급 8만 원에 경매장 미용사를 구인하고 있었다. "아기 강아지들 목욕과 간단한 미용"을 주 업무 내용으로 내세운 경매장은 애견

미용 경험은 필수이지만 자격증은 없어도 된다고 지원 조건
을 낮췄다.

반려동물 사료와 영양제 등을 홍보하러 나온 업체 직원이
입구를 지키고 있는 경우도 있었다.

'나카마'라고 불리는 일종의 브로커 혹은 중간상인도 이
산업의 종사자다. 나카마는 펫숍을 운영하지 않고 경매장에
서 직접 낙찰받은 개들을 펫숍에 공급하거나 경매장을 돌면
서 종·모견을 돌려 파는 이들을 통칭한다.

동물권단체 카라가 2014년에 발표한 〈반려동물 대량생산
과 경매 그리고 식용도살 실태보고서〉에 따르면 나카마는
"종·모견을 매입하여 아직 상태가 괜찮으면 필요로 하는 번
식농장에 값을 얹어 판매하거나, 다른 경매장에서 웃돈을 붙
여 판매해 유통 이익을 챙기면서 번식농장들 간에 모견을 중
개 판매하는" 역할을 한다.

이들이 주로 모이는 경매장에서는 종·모견만 경매하는 시
간이나 날짜를 따로 정해두고 있다. 카라는 종·모견 경매를
따로 하는 경매장을 "죽을 때까지 종·모견을 돌려가며 피를
짜내는 나카마들의 영업을 보장하고, 품종주의를 확산시킨
다는 점에서 더 잔인하고 뿌리 깊은 악"이라고 비판했다.

농장주나 펫숍업자 들은 여러 경매장을 돌기보다 단골 삼

은 몇몇 경매장만 다니는 편이기 때문에 서로 안면을 익히고 상부상조하는 분위기가 있었다.

이를테면 이런 식이다. 경기도 김포 튼실애견 농장주를 만났을 때 그는 김포 한동경매장과 '헬로경매장'을 다니다 지금은 헬로경매장에 주로 다닌다고 했다. 왜 헬로경매장을 단골 삼았냐고 물으니 그는 이렇게 답했다. "한동경매장은 경매사가 고용이잖아요. 헬로는 자기가 주인이야. 그러니까 뭐라 그럴까, 안 되는 건 딱 안 해주고, 재경매할 때도 10만 원 이하라면 가까운 데라도 가져가 보라고 하면서 유찰을 시켜버리고 그런 게 있어요. 다른 데 가서 가격 차이가 많이 안난다 하더라도 일단 그 태도가 좋잖아요. 우리가 만 원에 하라고 막 신호를 보내면, 만 원부터 경매 부치기도 하고 그러면서도 10만 원 이하는 아깝다고 하면서 유찰시키고. 그런게 좀 맘에 들어요."

그렇게 서로가 서로를 먹여 살리는 환경에서 사람들은 함께 모여 '밥정'을 쌓는 등 독특한 분위기를 만들었다.

모든 경매장에서는 요깃거리를 나눠줬다. 김포 한스경매장은 따로 탕비실을 두고 라면과 밥을 마련해뒀는데, 미처 식사를 하지 못한 업자들이 여기서 허기를 채우며 삼삼오오 모여 이야기를 나눴다. 빵과 주스를 나눠주거나 "인근 맛집의 분식을 준비했다"며 손님 대접을 하는 모습을 보이기도 했다. 대전 코리아경매장에서는 경매에 앞서 한 펫숍업자의 결혼 소식을 알리며 축하를 전하기도 했다.

동물들을 사고파는 공간에서 서로의 안부를 묻고, 먹고사는 일에 대한 고민을 나누는, 이 미묘하게 인간적이면서 동시에 야만적인 곳에서 우리는 자주 혼란스러웠다.

개를 대하는
그들의 방식

농장에서 태어난 강아지들은 생후 45일경이면 긴 여행을 시작한다. 번식장, 경매장, 펫숍으로 이어지는 경로마다 수많은 개들이 우르르 모였다가 뿔뿔이 흩어지곤 하지만 진짜 주인공은 따로 있다. 앞선 장의 경매장에서 만난, 이 산업을 쥐고 흔들며 판을 짜는 사람들이다.

우리가 쓴 기사가 나간 다음 이들의 목소리를 좀 더 직접적으로 들을 기회가 생겼다. 이 산업의 이익단체인 반려동물협회, 전국펫산업연합 등에서 분노에 찬 항의 서한을 보내온 것이다. 그들은 우리 보도가 나가자마자 전화와 메일로 비난을 퍼부었다. 반려동물협회는 해당 기사를 "언론의 기본적 소명조차 망각한 감성 포르노식 편파 보도", "합법임에도 모든 것이 불법적이고 패륜적인 것처럼 미리 설정해놓은 익숙한 프레임에 억지로 꿰어 맞춘 가십성" 기사라고 주장했다. 전국펫산업연합은 "잠입 취재해서 녹취한 것은 불법"이라며 "펫 산업에 부정적 기사를 내어 악영향을 끼친 부분에 관하여 사과 및 정정 보도를 내지 않으면 고발조치 하겠다"고 전화로 항의했다.

이익단체가 "불법"이라고 주장한 잠입 취재는 탐사보도 방식의 하나다. 국내외 언론 규범, 법률, 판례 등을 종합하면, 공공의 이익을 증진하려는 목적으로, 그 방법이 아니고서는 현장 또는 실체를 확인할 길이 없으며, (제보 또는 목격담 등) 상당한 의혹이 있으나 결정적 근거를 언론이 직접 확보하지 못했을 경우 잠입 취재의 정당성이 인정된다. 애니멀피플 취재 팀은 사전 조사 및 법률 자문을 통해 이번 잠입 취재가 공익을 위해 반드시 필요하고 또한 정당하다고 판단했다.

어쨌거나 우리는 이들이 왜 "개를 사랑한다"고 말하면서 그토록 많은 개를 생산하고 유통시키는지, 그들의 육성을 있는 그대로 듣고 싶었다. 그리고 그 목소리를 여과 없이 알리는 것도 독자에게 도움이 될 것이라고 생각했다.

2019년 8월 2일, 반려동물협회 간부들이 애니멀피플 뉴스룸을 찾았다. 반려동물협회는 "(애니멀피플이) 지난 10여 년간 동물보호단체가 주장해온 것과 똑같은 프레임으로 편파적 보도"를 했기 때문에 "(반려동물 산업에) 30~40년 종사하고 있는 사람으로서 실질적인 설명"을 하겠다고 말했다. 다음은 그들과 나눈 대화 내용이다.

반려동물협회(이하 협회): 그동안 열심히 사업하고, 일자리를 만들어 온 공이 큰데, 산업 자체가 코너에 몰리고 있다. 요즘은 정말 문 닫고 싶은 심정이다. 보도되는 것을 보면 눈물이 날 정도다. 지금 생산업을 하고 있는 분들 (대부분이) 60~80대다. 대부분 감수성이 예민하고, 그분들이야말로 동물을 사랑해서 30년 동안 이 일을 하신 분들이다. 동물을 돈으로 보지 않는다. 여건 되면 데리고 가서 보여드릴 수 있다. (그분들이) 매일 이야기한다. 이 (사)업 좀 잘할 수 있게 만들어 달라고.

애니멀피플(이하 애피): 우리는 반려동물이 생산, 유통, 판매되는 실태를 살펴본 그대로 보도했고, 살아 있는 동물이 물건처럼 거래된다는 것에 주목했다.

협회: (우리에 대해) '블랙 트라이앵글'이라는 표현을 쓰며
외부자의 접근을 철저히 막고 있다고 하는데, 농산물
거래하는 데 가보라. 들여보내주나. 못 들어간다. 경
매사들만 입장이 가능하다. 그 이유가 뭔가. 시장 질
서가 있고 가격이라는 게 있는 거다. 이것은 유통의
기본이다. 법적인 제반 상황을 바탕으로 이뤄지는 현
실 가운데 볼 건 보고, 또 그들의 노력이 어떤지, 그
과정이 어떤지를 전체적으로 봐야지, 단순히 (반려동
물들이) '살아 있다', 그러면 슬픈 거다.

반려동물협회의 주장과 달리, 농수산물 경매장 등은 일반
인들의 접근을 막지 않는다. 경매를 얼마든지 자유롭게 지
켜볼 수 있다. 경매에 직접 참여해 물건을 사거나 팔 수 없을
뿐이다. 반면 한국의 반려견 경매장은 입구에서 일일이 자격
증 또는 허가증을 확인하고 출입시킨다. 일반인의 출입은 불
가능하다.

농림축산검역본부의 〈2018년 반려동물 보호·복지 실태조
사 결과〉를 살펴보면, 우리나라에서 반려동물을 기르는 가구
의 비율은 2017년 28.1퍼센트에서 2018년 23.7퍼센트로 줄었
다. 그런 까닭인지 협회 간부들은 반려견 산업의 붕괴를 걱

정하고 있었다. 일자리를 창출하는 산업적 측면을 고려해야 한다는 것이다.

같은 자료를 보면 반려동물 관련 영업장은 총 1만 2,491개, 종사자 수는 1만 6,609명으로 추산된다. 이런 산업 구조 때문에 연간 46만 마리의 반려견이 생산·유통되고 결국 버려진다는 지적에 대해 이들은 이렇게 설명했다.

협회: 전체적으로 (생산량을) 줄이고 있다. (생산업자들의 연령대가 높아) 번식장이 노령화되고 있다. 60대(생산자)가 80퍼센트다. 시간이 지남에 따라 (새롭게 시장에 들어오는) 신입 사업자가 나타나지 않을 거다. 앞으로 줄어들 수밖에 없다.

2019년 6월 26일 김포 한스경매장에서 만난 펫숍 컨설턴트 ㄱ씨도 비슷한 주장을 했다. 경매장이 관리가 미비한 개 농장을 도태시키는 역할을 한다고 그는 말했다. "어느 경매장은 농장들 꼼짝 못하게 해요. '(강아지 건강 관리를) 이 따위로 해서 올 거면 오지 말라'고 그래요. 관리도 개판으로 하면서 돈만 받으려 하면 누가 좋아하겠어. 그런 농장들은 자연 도태가 되는 거야."

다만 그도 산업의 관점에서 농장주의 처지를 설명했다. "(동물보호법에서) 사육 두수를 관리 인원 1인당 75두로 제한하고 있어요. 동물보호단체는 이걸 50두로 낮춰야 한다고 주장하죠. 부부가 둘이서 한다면 100두밖에 안돼요. 이걸로 생활을 영위할 수 있겠어요? 예전에는 한 농장에서 모견 300두, 500두씩 했는데."

반려동물협회 간부들은 유통 경로 정비가 시급하다는 이야기도 했다. 특히 반려견 분양 방법 가운데 가장 많은 비율을 차지하는 '지인을 통한 분양(50.2퍼센트, 농림축산검역본부, 〈2018년 동물보호에 대한 국민의식 조사 결과〉)'을 막아야 "질서가 바로잡힐 것"이라고 주장했다.

애피: 많이 생산되니 많이 버려질 수밖에 없지 않은가.

협회: 경매장에는 순기능이 있다. 예전에는 개를 개인적으로 소비자에게 연결했다. 원가나 마진은 부르기 나름이었다. 키우다 사고가 나도 책임지는 사람이 없었다. 하지만 경매장을 통하면 판매자가 실명으로 거래하고, 어느 지점에서 사고가 났는지 역추적이 된다. 사고 난 농장은 경매장에서 거래를 하지 못한다. 생산자들이 거짓말을 못한다.

애피: 유기견 통계를 살펴보면 유행했던 품종이 몇 년 뒤 유기되는 추세가 보인다.

협회: 반려동물 시장 때문에 유기동물이 많아졌다는 것은 오래전부터 동물보호단체들이 주장해온 논리다. (동물보호단체들에 따르면) 경매장, 펫숍이 유기견을 만드는 온상지라고 하지만, 우리가 팔지 않은 개들도 거기(유기견 보호센터)에 있다. 유기견 12만 마리 중 동물보호단체에서 버린 개와 일반인들이 유기한 개(의 수)를 분명히 확인해야 한다.

이 대목에서 반려동물협회는 동물보호단체들과 정면으로 맞선다. 동물보호단체들은 번식장과 펫숍 등을 없애고 개인 간 분양을 남겨야 한다고 주장하는데, 반려동물협회는 오히려 개인 간 분양을 법으로 막자고 반박하고 있는 것이다.

영국은 2018년 8월, 제3자(펫숍)의 6개월령 이하 강아지 및 고양이 판매를 원천 금지하는 법안 계획을 처음 발표했다. 2020년 4월부터 시행될 예정인 해당 법은 영국의 한 번식장에서 새끼를 반복 출산하다 구조되어 2016년에 사망한 개 '루시'의 이름을 따서 '루시 법'으로 불리고 있다. 해당 법안은 번식장-펫숍-소비자로 이어지는 유통 고리에서 중간 단계인 펫숍을 없애고 허가받은 브리더(전문 번식업자)와 소비자 간 직거래를 유도한다. 반려동물협회의 제안과는 정반대다.

> **애피:** 펫숍 판매가 금지된 나라처럼 소규모 켄넬(전문 견사)에서 직접 분양하는 방식은 어떤가.
>
> **협회:** 우리가 외국처럼 개를 키우면서 복지를 누릴 수 있는 국가가 아니지 않나. 예전엔 더했다. 경매장 시스템이 생기면서 개가 병들 확률도 줄었다. 10년 전과 지금을 비교하면 폐사율도 줄었다. 유통 과정 정비로 개들이 더 건강해졌다는 방증이다.

협회 간부들은 독일, 영국 등의 사례에 대해 "예외일 뿐, 세계 대다수는 아직 펫숍 등을 허용한다"고 주장했다. 실제로 동물권단체 동물해방물결의 〈반려동물 판매 금지-해외 사례와 대안적 방향〉 보고서를 보면, 미국에서는 매년 100만 마리 개가 생산되고, 300만 마리가 안락사되는 것으로 알려져 있다. 일본 또한 반려견 경매 시스템을 유지하고 있다.

하지만 주목할 점은 이들 나라에서도 우리와 유사한 논쟁이 벌어지고 있다는 것이다. 동물보호단체는 브리더 또는 지인 간에 직접 분양해야 한다고 주장하고, 업계는 유통 구조를 투명화하여 동물 건강 상태 등을 추적하면서 관리해야 한다고 주장한다.

이와 관련해 동물해방물결은 "번식장에서 '생산'된 동물의 판매를 단계적으로 금지 및 철폐하는 것이 동물권 선진 국가들의 추세"라고 말했다. 그 추세에 따라 미국 캘리포니아주는 2019년 1월부터 펫숍에서 상업적 번식장 출신의 개와 고양이 판매를 금지하는 법을 시행했다. 캐나다 온타리오주, 독일 등은 이미 펫숍에서 개를 사고파는 것을 금지하고 있다.

협회는 '세계 다수 국가의 사례'를 내걸어 경매장과 펫숍의 정당성을 주장하고, 동물보호단체는 '세계 동물 선진국의 추세'를 내세워 산업 구조의 해체를 주장하고 있다.

반려동물협회 간부들은 유통 과정 정비를 강조했지만 농장주들의 이익단체인 반려동물생산판매협회의 생각은 달랐다. 이 협회의 강대현 사무총장은 2019년 8월 5일 애니멀피플과의 통화에서 "경매장에서 경매사가 한 마리씩 설명할 때마다 '예쁘다, 안 예쁘다' 하니까 농장주들은 거기(경매장의 기준)에 맞추려 애쓰게 된다"고 말했다. "그러자면 어떻게 해야 하나. 종·모견을 더 많이 들여야 예쁜 개를 생산할 확률이 높아진다."

강 총장은 경매장의 경쟁 구조 때문에 농장주들이 더 많은 개를 생산하게 된다고 주장했다. "경매는 농장주들에게 마약 같은 거예요. 예쁜 강아지 데리고 나가서 (경매가가) 100만 원까지 올라가고 그러면 눈 돌아가지 않겠어요?" 이 때문에 농장주들이 동물 학대 논란까지 감수하면서 더 많은 개를 키우려고 뜬장 사육까지 감행한다는 것이다. 그는 "우리(생산자)도 강아지 수를 많이 해서 지저분하게 할 생각은 죽어도 없다"고 강조했다.

반려동물협회 간부들은 그동안 개정을 거듭해온 동물보호법에 대해서는 복잡한 심경을 갖고 있는 듯했다.

협회: '동물보호법 만들어놓으면 (업자들이) 따라오겠지'라고 하지만, 이게 정말 어렵다. 이 법 하나 때문에 (사업을) 못하게 된, 몇십 년 된 생산자들이 많다. (무허가 번식장이 불법화되는) 2019년 9월 23일 뒤에는 무슨 일이 일어날지 모른다. (업자들이) 셔터 내렸을 때 그 많은 개들은 어디로 가겠는가. 데리고 있지도 못하고, 판매도 못하고. 그래서 우리 협회에서 많이 노력하고 있다.

법이 '생업으로서의 산업'을 망치고 있다는 이야기다. 그들은 한편으로는 번식장, 경매장 등의 시설 수준을 끌어올리기 위해 노력해왔다고도 설명했다.

협회: 우리는 지난 10년간 자정 노력을 해왔다. 무허가 업체들을 제도권으로 들여오는 방법을 강구하고, 정부가 만들어놓지 않은 표준 견사 시설도 우리가 동물보호단체와 손잡고 논의하고 있다. 그런데 동물보호단체가 요구하는 건 아주 디테일하다. 뭐가 있고, 뭐도 있어야 하고…. 그대로 견사를 만들면 사람 사는 것보다 낫겠더라. 뜬장은 내리고 강아지들이 놀 수 있는 공간을 만든다는 기조하에 2018년 이맘 때 회원들에게 견사 사진을 다 보내달라고 했다. 지저분한 곳도 있고 깨끗한 곳도 있더라. 이 속에서 답을 찾자는 것이다.

농림축산식품부는 신고제였던 동물생산업을 2018년 3월 허가제로 전환하고 불법 영업 적발 시 벌금을 100만 원 이하에서 500만 원 이하로 상향했다. 이에 반려동물협회가 시설 개선 등이 가능한 무허가 농장에 유예 기간을 줘야 한다고 주장해 법 시행이 2019년 9월로 늦춰졌다. 이와 관련해 이

들이 정부에 무엇을 요구하고 있는지도 대화 과정에서 알 수
있었다.

> **협회:** 우리는 농림축산식품부에 유통 경로를 정리해달라
> 고 주장하고 있다. 개인 간 거래 금지는 이미 2018년
> 개정된 동물보호법 시행 규칙에 들어 있다. (문제 있
> 는) 유기동물 보호소들도 큰 틀에서 같이 정비해야
> 한다고 보고 있다.

동물보호단체들은 2016년 '강아지 공장' 폭로 사태 이후
동물보호법 개정을 논의하면서 인터넷 퍼피밀 규제를 위해
개인 간 (상업적) 거래 금지의 필요성을 강조해왔다. 개인 간
분양 금지는 개인 번식업자의 무분별한 온라인 분양 등을 막
을 수 있는 근거가 될 수 있다. 하지만 한편으로는 반려동물
의 유통 구조가 번식장-경매장-펫숍으로 단일화되는 것을
뜻한다.

> **애피:** 유통 경로가 단일화되면 어떤 변화가 예측되나.
> **협회:** 수요와 공급을 맞추려고 협회 차원에서도 노력하고
> 있다. 우선 이력제라는 게 시행된다. 우리가 자체적

으로 혈통서 같은 걸 만들어서, 모견이 강아지를 낳
으면 바로 등록되도록 할 계획이다. 개가 유기되면
그 개의 등록 번호로 어디서 어떻게 시작됐는지 추
적이 가능해지는 구조다. 또 정부에는 (무허가 농장
의) 폐업 조건으로 (정부가) 개를 위탁받아 생산업자
들이 일정 기간 사육하는 방안을 제안해뒀다.

'반려동물생산이력제'는 2016년부터 동물보호단체 등이
주장해왔으나 아직 시행되지 못하고 있다. 이와 관련해 동물
자유연대 조희경 대표는 "모견 출산 이력 관리 등을 위한 전
산화가 되어야 하는데, 아직 허가제도 미비한 상황이라 단계
적으로 준비해나가야 하는 상태"라고 설명했다.

그 와중에 협회 간부들은 이런 이야기도 했다.

협회: (수요와 공급을 맞추는 차원에서) 수출의 길도 뚫으려
하고 있다. (한국 개들이) 품종 상태가 좋으니, 국내에
서 키우는 것은 어느 정도 정비를 하고, 수출을 하자
는 거다. 동물보호단체들이 이상적이라고 하는 독일
도 셰퍼드를 국가적 차원에서 수출하지 않나.

산업의 논리로 보자면, 내수 시장이 포화 상태에 이르면 수출의 길을 찾는 것이 자연스럽다. 그러나 우리는 '반려견을 외국에 수출하겠다'는 이야기를 이해할 수 없었다. 어떻게 그런 일이 가능할까?

기사가 연재되는 동안 이와 관련한 몇몇 제보를 받았다. 이를테면 캐나다 토론토의 경우 펫숍을 통한 동물 거래가 전적으로 금지되어 있다. 품종견의 경우 적정 수만 번식시켜 판매하며 높은 수준으로 관리하는 켄넬에서만 개를 분양받을 수 있다. 그런데 그곳에서 최근 한국산 품종견들이 음성적으로 거래되고 있다는 것이다. 반려동물협회는 이 같은 '음성적 시장의 수요'를 양지에서 본격적으로 충족시키겠다는 것일까.

협회 간부들은 여러 차례에 걸쳐 동물보호단체의 논리를 비판했다. 또한 우리의 기사가 그 논리를 답습하고 있다고 지적했다.

협회: 동물보호단체들이 내세우는 논리를 보면, (사지 말고 입양하자는) 슬로건은 결과적으로 강아지를 전부 없애자는 이야기다. 모든 개를 중성화시키고 새끼를 내지 말아야 한다는 것. 그럼 우리 후세들은 강아지를

키우지 말라는 뜻인가. (기사의) '사지 마 팔지 마 버리지 마' 제목만 봐도 어떤 내용일지 유추가 됐다.

그들은 산업화된 생산-판매-유통 과정에서 발생하는 동물 학대 논란에 대해서는 이렇게 설명했다.

애피: 일반인의 관점으로는 강아지를 컨베이어 벨트 위로 옮기는 등의 모습은 동물을 물건처럼 다룬다고 밖에 볼 수 없는데.

협회: 최소한 동물 학대를 하지 않는 방향으로 하려고 준비한 것이다. 그런데 (기사) 제목으로 뽑은 "컨베이어 벨트로 '강아지 경매'…"를 보면, '강아지 공장만이 아니라 경매도 공장식으로 움직이더라', 이런 표현 아닌가. 외양상 안 좋을 수도 있으나, 바구니 경매 방식을 하다 보면 개를 옮기는 과정에서 충격이 발생한다. 들고, 옮기고, 흔들면 아무래도 강아지들이 상하지 않나.

애피: 경매사가 강아지의 외양만 설명하며 순식간에 소개하고 넘어가기도 했는데.

협회: (소개하는 데 15초라고 기사를 썼는데) 경매장은 도매업

자, 전문가들이 모인 곳이다. 거기서 개를 경매에 부치면서 10분 동안 주물럭거리면서 소개한다고 생각해봐라. (동물을) 존중한다고 하면서. 그럼 그 경매가 언제 끝나겠나. 이 (짧은) 시간이 오히려 그 아이들에게 도움이 되는 거다.

"감성 포르노를 이용하는 동물 앵벌이"라며 강하게 항의했던 협회 간부들은 "우리가 옳다고만 하는 건 아니다. 대신 우리 입장도 반영된 보도, 틀림이 아닌 다름으로 표현된 기사가 나갔으면 좋겠다"고도 말했다. 반려 산업이 '틀린 것'이 아니라 반려동물을 대하는 '다른 시선'이라는 의미였다.

번식장-경매장-펫숍 등에서 만난 대부분의 사람들은 동물을 좋아한다고 말했다. 그들이 동물을 학대하려 작정한 사람들은 아닐 것이다. 동물을 사랑하는 자신들의 방식이 '틀린 것'이 아니라 '다른 것'이라고 그들도 생각할 것이다. 그들의 주장에 대한 다른 사람들의 의견은 어떨까.

반려 산업 종사자들의 '다른 방식'에 대한 여론을 알려주는 자료가 있다. 2017년 농촌경제연구원은 〈반려동물 연관산업 발전방안 연구〉 보고서를 발행하며 '반려동물의 상업적 대량생산'에 대한 의견을 조사했는데, 찬성하는 사람은 7.3퍼센트에 불과했다.

　반면 산업과 시장의 논리로 반려동물을 생산, 유통, 판매하는 일을 반대하는 사람은 응답자의 82.1퍼센트에 달했다. 국민 10명 가운데 8명 이상은 반려 산업 종사자들의 '다른 방식'에 동의하지 않는다는 뜻이다.

'싸구려' 개들의
경매장

취재 과정에서 우리는 관련 업자들을 통해 경기도 고양의 '호수경매장'에 대해 알게 되었다. 그곳은 잘 팔리지 않는 개들을 거래하는 곳으로 유명했다. 폐업하는 펫숍에서 '떨이'로 내놓은 개, 몸이 약하고 '하자'가 있는 개, 가정에 입양되지 못하고 농장에서 커버린 개들이 거래된다는 것이다. 이른바 '폐견'들의 경매장이다.

꼭 취재해야 했다. 하지만 호수경매장의 위치와 경매 날짜를 알아내는 것은 쉬운 일이 아니었다. 어렵사리 경매장 대표와 통화가 되었지만 "우리(가 취급하는 개)는 모두 대형견

이고, 강아지는 (경매에) 많이 나오지 않는다. (펫숍 하는 사람
은) 와도 살 것이 없다"며 경매 정보를 주지 않았다.

동물권단체 카라는 2014년 발표한 〈반려동물 대량생산과
경매 그리고 식용도살 실태보고서〉에서 호수경매장 같은 곳
을 "자견, 모견, 종견, 폐견 등 모든 개를 파는 곳, 번식장과
경매장의 골칫거리를 뒤처리하는 경매장"이라고 설명한다.
당시 호수경매장은 가치가 떨어진 개들을 '창고 정리 세일'
하듯 식용으로 팔아 넘기는 곳으로 악명 높았다.

호수경매장은 카라 보고서가 발표된 이후 더 이상 폐견 경
매를 하지 않는다고 못박았으나 여전히 비밀리에 경매를 진
행하고 있었다. 2019년 7월 14일 오후 찾아간 호수경매장의
외관은 과수원이나 종묘장처럼 보였다. 검은 가림막을 둘러
친 비닐하우스 입구에는 '버섯 재배' 네 글자가 또렷하게 적
혀 있었다.

그러나 비닐하우스 안 어디에도 버섯은 없었다. 내부에는
이전의 취재에서 보았던 경매장과 똑같은 풍경이 펼쳐졌다.
70여 개 의자 위로 입찰 버튼들이 늘어져 있고 진행석 뒤에
는 빈 케이지들이 쌓여 있었다. 이미 경매는 끝난 듯했다.

경매장 밖에서는 몇몇 농장주들이 테이블에 앉아 담소를 나
누고 있었다. "여기엔 썩 좋은 개는 안 나와." '시바견 전문 견

불법 동물 경매가 열리는 경매장. 버섯 재배 네 글자가 또렷하게 적혀 있지만 내부
어디에도 버섯은 없었다.

사'를 운영한다며 우리에게 명함을 건넨 농장주는 "이 경매장에 저렴한 것들은 나오지만, (펫숍을) 처음 시작하는 거면 경기도 남양주의 다른 경매장으로 가는 게 낫다"는 충고를 건넸다. 그리고 이미 한 시간 전에 경매가 끝났다는 말도 덧붙였다.

다른 농장주는 이날 경매에서 산 강아지들을 보여주었다. "그래도 진주가 나와." 잘만 찾으면 1만 원에 좋은 개를 사갈 수 있다는 뜻이었다.

작은 바구니 뚜껑을 열자, 품종을 알기 어려운 강아지 세 마리가 꼬리를 흔들어댔다. 낯선 사람의 손길에도 순순히 눈만 껌벅이는 강아지들을 향해 농장주는 "연신내 역 앞에서 팔면 마리당 4~5만 원은 받을 수 있다"고 말했다. 호수경매장에서 팔려나간 강아지들이 재래시장에서 거래된다는 뜻이었다.

돈의 논리에 따라 아무도 원치 않는 개들의 다수는 식용견 시장으로 흘러간다고 동물권단체들은 주장한다. 오래전 개 번식업에 종사했다가 현재는 동물보호단체를 운영하는 '행복한 강아지들이 사는 집(이하 행강집)' 박운선 대표는 "10여 년 전만 해도 폐견들을 수거해 건강원으로 납품하는 업자들이 있었다. 이른바 나카마라고 불리는 중간상인들이 번식농장을 돌아다니며 마리당 1만 원 또는 5천 원에 매입해 개소

주집이나 개고깃집에 판매했다"고 말했다.

펫숍으로 팔려나가지 않는 강아지는 종·모견으로 농장에 팔리고, 교배 능력이 떨어져 그 역할까지 다하고 나면 또다시 경매장에 매물로 돌아온다. 이런 개를 폐견이라 부른다는 것도 우리는 처음 알았다.

경매장에 나온 폐견들은 마리가 아니라 상자 단위로 거래된다. 폐견 몇 마리를 한 상자에 몰아 넣고 헐값에 파는 것이다. 이런 폐견을 낙찰받아 가는 사람들은 식용견 판매업자라고 동물보호단체들은 추정한다.

경매업자들은 식용견으로 팔리는 이런 폐견을 '국물용' 혹은 '육수용'이라고 표현했다. 동물보호단체 '동물구조119'는 2019년 7월 23일 경기도 포천의 한 번식장에서 모견 아홉 마리를 구조했다고 밝혔다. 임영기 동물구조119 대표는 "농장주가 '번식 능력이 떨어진 모견을 개고기 육수용으로 처리하려고 고민하고 있다'고 해서 구조에 나서게 됐다"고 했다.

전국 곳곳에서 음성적으로 운영되고 있는 '식용견 경매장'뿐만 아니라 반려견 경매장에도 가끔 폐견들이 나온다. 호수경매장은 원래 반려동물을 파는 곳으로 알려져 있지만 카라는 이 경매장을 '반려동물 최후의 경매처'로 꼽았다. 카라는 2014년 보고서에서 "(번식농장의) 모견, 병들거나 제때 팔리지 않은 대형 품종견이 식용으로 도살되기 위해 호수경매장에서 팔려나갔다"고 밝혔다.

2017년 농촌경제연구원이 펴낸 〈반려동물 연관산업 발전방안 연구〉 보고서에도 비슷한 내용이 등장한다. 농촌경제연구원은 반려동물의 사육, 생산, 유통, 유기의 문제점을 지적하며 "경기 위축 또는 과잉 생산으로 (반려동물) 판매가 부진하면 경매가 유찰되고, 유찰된 반려견이 식용견으로 판매되는 사례도 종종 발생하고 있다"고 적었다.

해당 보고서는 2017년, 카라 보고서는 2014년에 발표되었다. 행강집 박운선 대표의 증언은 2009년 상황에 대한 것이었다. 이후 당국의 단속과 여론을 의식한 업자들이 식용견 유통을 꺼리고 있는 것으로 추정되지만, 폐견들이 어떻게 관리되는지 아직까지 명확히 밝혀진 바는 없다. 박 대표는 "번식농장 종·모견으로 이용되었을 아이들(강아지들)이 최근에는 유기견으로 많이 발견되고 있다"고 했다. 식용견으로는 판매하지 않지만 시골길이나 한적한 거리에 그냥 내다 버린다는 것이다.

실제로 호수경매장에서 식용견이 거래되는지 우리는 확인하지 못했다. 접근 자체가 어려웠고 경매 시간을 공개하지 않아 실태를 목격할 수 없었으며, 다시 취재를 시도하기에도

| 위·중간 | 불법 경매장에서 '저가'로 팔려나간 강아지들은 재래시장에서 거래되기도 한다. |
| 아래 | 이전 반려인에게 파양당한 '바둑이'는 모란시장에서 만난 유일한 성견으로, 이제 막 한 살이었다. |

장벽이 높았다. 나중에 농림축산식품부 동물보호관리시스템에서 확인한 결과, 호수경매장은 동물판매업장으로 등록되지 않은 무허가 경매장이었다.

무허가로 운영되는 경매장이 전국에 몇 곳이나 되는지 알려주는 통계는 없다. 알 수 없는 숫자의 무허가 경매장에는 당연히 '식용견 경매장'도 포함되어 있다. 이 '무법 지대'는 얼마나 많은 개를 집어삼키고 있을까.

우리가 현장에서 확인한 것은 '합법적' 경매장 18곳에서 매주 5천여 마리의 강아지들이 흥정 대상이 된다는 사실, 그리고 그 대상으로도 오르지 못한 강아지들이 수없이 많다는 사실뿐이었다.

그 개들이 펫숍으로 팔려나갔다면 지금은 도시의 어느 가정에서 살아가고 있을 것이다. 재래시장으로 밀려났다면 개들이 반려인을 만났을 가능성은 현저히 줄어든다. 모견 또는 종견으로 팔려나갔다면 평생을 철장에 갇혀 지내다 폐견 취급을 받을 것이다. 폐견의 일부는 거리와 야산에 버려질 것이고, 어쩌면 일부는 식용견으로 팔려나갈 것이다. 사랑받거나, 버려지거나, 먹히거나. 개의 운명은 그렇게 반려견 산업에 의해 결정된다.

3장

… 펫숍 …

목숨을 걸고 선택받기를 기다리는 곳

예쁘지만
싼 가족

2019년 초여름, 우리가 일했던 펫숍을 떠올리면 '다가갈수
록 커지던 울음소리'가 귓가에 생생히 울린다. 출근길 인파
가 사라진 오전 10시, 한적한 거리를 따라 펫숍에 가까이 가
면 강아지들이 짖는 소리가 점점 더 선명하게 들려왔다. 왈
왈대지도 못하는 어린 것들이 인기척을 느끼면 깽깽 소리를
냈다. 마치 여기 생명이 살고 있다는 것을 알리려는 듯이.

우리는 2019년 6월과 7월 초, 서울 관악구 '선비펫'과 서울
성동구 '귀요미펫' 두 곳의 펫숍에서 일주일씩 아르바이트를
했다. 펫숍은 대단지 아파트 상가나 사람들의 왕래가 잦은

지하철역 인근 등 도심 곳곳에 자리 잡고 있었다. 눈여겨보지 않으면 여느 상점과 다를 바 없는 그곳에서 갓 젖을 뗀 어린 강아지들은 물건처럼 사고팔렸다.

2019년 6월 3일, 처음으로 면접을 보기 위해 찾은 선비펫은 겉으로는 명품 옷가게처럼 보였다. 통유리로 된 깔끔한 건물 밖에는 화려한 간판이 내걸려 있었다. 한 층이 5평 남짓으로 매장 내부가 넓지는 않았지만, 인테리어를 흰색으로 맞춰 깔끔한 인상이었다.

초여름 햇살이 스며든 그곳은 유난히 환하고 단정해 보였다. 하지만 매장에 들어서자 비릿한 강아지 냄새가 코를 찔렀다. 강아지들은 라면 상자만 한 2층 유리장 속에 한 마리씩 갇혀 있었다. 건물 전체를 매장 겸 사무실로 이용하고 있는 이 펫숍에는 모두 30여 마리의 강아지가 살고 있었다.

사람을 보면 응당 그래야 하는 것처럼 꼬리를 흔들던 강아지는 내가 다가가자 냄새를 맡으려는 듯 유리벽에 코를 바짝 갖다 댔다. 낯선 사람에 흥미를 보이는 녀석부터 방석으로 파고들어 잠에 빠져 있는 녀석까지. 강아지들은 확실히 귀여웠다. 유리장 옆 한쪽 벽면에는 동물판매업 등록증뿐 아니라 반려동물 관련 학위와 자격증, 도그쇼 수상 리본 등이 빼곡하게 전시되어 있었다.

세련된 옷차림의 20대 남성은 자신을 펫숍 사장이라고 소개했다. "저희는 경력보다도 자세를 봐요." 그는 청소일이 매우 힘들다고 강조하며 하루 만에 일을 그만둔 사람도 있다고 으름장을 놨다. 매장 관리는 숍마다 방법이 다 다르니 동종업계 경력보다도 '열심히 하는 자세'를 더 중요하게 생각한다는 말이었다.

채용은 생각보다 쉽게 결정되었다. 일단 내일부터 나와서 일을 해보라고 했다. 사장 자신보다도 점장의 마음에 들어야 할 것이란 말과 함께, 그래도 잘 배워놓으면 이 사업도 꽤 괜찮은 사업이라는 말을 덧붙였다. '지금부터 애완견 사업을 좀 배워보고 싶다'고 한 자기소개에 대한 답변이었다.

이튿날 오전 10시, 매장에 출근하자 20대 초반의 여성 점장이 나를 맞았다. 사장은 주로 강아지를 데리고 오는 일을 하고 점장이 펫숍의 전반적인 일을 도맡는 시스템이었다. 집에서도 세 마리의 개를 키운다고 한 그는 애견 미용사이기도 했다.

매장 1, 2층에 나뉘어 살고 있는 30여 마리 강아지들은 하나같이 작고 귀여워 사람들의 시선을 끌기에 충분해 보였다. 강아지들은 짧게는 며칠, 길게는 3개월까지 이곳에서 지내며 새 가족을 기다릴 터였다.

펫숍 업무는 크게 두 가지였다. 강아지 돌보기와 판매하기. 초짜인 우리에게 제일 먼저 주어진 임무는 강아지 배식과 청소였다. 아르바이트생은 출근하자마자 강아지들에게 줄 밥과 물을 준비한다.

생후 2~3개월령의 강아지들에게는 물에 불린 사료가 급여되었고 강아지들은 짧은 시간 안에 밥을 먹고 배변을 봤다. 배식을 하고 다음 칸의 강아지에게 밥을 넣어준 뒤 돌아보면 그새 밥그릇이 깨끗이 비워져 있었다.

강아지를 건강하게 돌보는 일이 이들의 가장 큰 업무였다. 사장의 말마따나 "아기가 죽으면 마음이 아프기도 하지만 곧 현금이 사라지는 것"이기 때문이다. 그는 경매장에서 낙찰받은 강아지들의 대금은 모두 현금으로 결제된다고 덧붙였다.

매장 강아지들은 대부분 장모 치와와, 푸들, 비숑프리제, 몰티즈 등 인기 있는 품종견들이었다. 1층에는 다소 분양가가 높은 강아지들로 배치되었다. 모색이 희귀한 장모 치와와나 해외에서 수입된 비숑, 크림색 장모 닥스훈트 등을 100~300만 원의 가격에 판매하고 있었다.

또 다른 펫숍인 귀요미펫도 사정은 크게 다르지 않았다. 2019년 7월 1일, 별다른 면접도 없이 우리의 출근이 결정되었고 이곳에서도 하는 일은 비슷했다. 아침에 출근하자마자 강아지들에게 밥과 물을 주고 분양장을 청소한 뒤 매장 바닥과 진열장 청소를 마치고 강아지를 돌보는 식이었다. 앞선 선비펫에서 나름 철저하게 배운 덕에 일은 금방 익숙해졌다.

다만 이상하게도 이들은 우리가 출근한 지 이틀이 되도록 이름이나 나이 등을 전혀 묻지 않았다. 곁을 주지 않는 느낌이었다. 이렇게 가게를 스쳐간 사람이 많은 걸까? 며칠은 그저 두고 보겠다는 생각인지도 몰랐다.

이튿날 근로계약서 작성에 대해 물으니 직원은 "사장님이 출근하시면 쓰게 될 것"이라고만 답했다. 급여나 4대 보험 유무 등 아주 기본적인 정보도 듣지 못한 채 업무가 시작되었다. 시간은 하루 이틀 흘러갔고, 불행인지 다행인지 끝내 계약서는 작성하지 못했다. 그 이유는 이곳에서 일한 일주일 동안 사장님 얼굴을 한 번도 볼 수 없었기 때문이다.

직원은 단 둘이었다. 남성 점장과 여성 매니저가 주로 매장을 관리했고, 여성 매니저는 이전 펫숍과 마찬가지로 애견 미용사 자격증을 갖춘 사람이었다. 점장이 고객 상담과 강아지 공급을 맡고 매니저가 강아지들을 돌봤다.

이곳은 강아지 30여 마리뿐 아니라 고양이도 20여 마리를 팔고 있었다. 견종은 선비펫과 비슷했다. 전면이 유리인 2층 진열장에는 앞선 펫숍에서 보았던 인기 견종인 포메라니안,

치와와, 푸들, 비숑, 몰티즈 등이 살고 있었다.

귀요미펫은 다른 매장들과는 분위기가 조금 달랐다. 건물 2층에 위치해 있어 외부에서 보면 사무실인지 펫숍인지 한눈에 알기가 어려웠다. 다른 펫숍들이 1층의 투명한 쇼윈도에 강아지들을 진열해 행인들의 시선을 끄는 것과는 다른 점이었다.

귀요미펫은 서울과 수도권 세 곳에 지점을 둔 프랜차이즈 펫숍의 본점이었다. 지나가다 우연히 들른 사람보다 누리집이나 SNS 홍보글을 보고 찾아온 손님들이 주를 이뤘다. 아르바이트 취업 전 누리집을 통해 알아본 바로는 귀요미펫은 '20년 경력을 가진 전문적인, 생명을 존중하는 업체'임을 내세우고 있었다.

특히 '정식 등록된 켄넬(전문 견사)과 캐터리의 건강하고 혈통 있는 자견, 자묘를 선보'인다는 광고 문구가 눈에 띄었다. 이곳을 찾은 소비자들도 대부분 그 문구를 믿고 펫숍을 방문했을 터였다. 우리는 해당 펫숍이 실제로 번식장-경매장-펫숍의 유통 구조가 아닌, 켄넬에서 강아지를 직접 데리고 오는지 궁금했다.

다음 날 매장에 출근하자마자 그 기대는 깨졌다. 출근한 지 이틀 만이었다. 매장 바닥에는 경매장에서 강아지를 담아

줄 때 쓰는 흰 상자들이 군데군데 놓여 있었다. 빈 상자일 거라고 생각하고 치우려 하자 안에서 강아지의 울음소리가 흘러나왔다.

"상자 안에 있는 애들도 밥 주셔야 돼요." 상자의 손잡이를 열자 안에서 강아지가 낑낑대고 있었다. 전날 경매장에서 낙찰받아 데려온 아이들이었다. 강아지들은 다른 지점의 펫숍으로 이동할 거라고 했다.

그 말은 곧 경매가 끝난 어제 오후 5시경부터 다음 날인 오늘 오전 10시까지, 최소 16시간 이상 강아지들이 상자에 갇혀 있었다는 뜻이었다. 경매장 구매전표에는 이전에 우리가 사업자로 방문한 적이 있는 경기도 광주 엘레강스경매장이라는 익숙한 이름이 적혀 있었다. 귀요미펫의 분양 계약서에 적힌 농장 이름을 직접 볼 수는 없었지만, 여느 펫숍과 마찬가지로 경매장을 통해 강아지들을 데려오고 있다는 사실만은 확인할 수 있었다.

우리가 경험한 펫숍 두 곳에서 강아지를 사고파는 일은 여느 상점에서 물건을 사고파는 일과 다르지 않았다. 가격은 소비자의 기호와 취향에 따라 결정되었다.

이곳에서 우리는 한국 반려견 산업의 '최종 소비자'들을 만났다. 펫숍에서 동물을 사 가는 반려인들이었다. 그들은 대

개 처음부터 특정 견종을 원했다. 생명이 물건처럼 사고팔리는 게 당연한 산업 구조 속에서 소비자들은 진열된 개를 고르고 흥정하는 데 무감각한 듯 보였다.

펫숍을 찾는 손님들은 예쁜 품종견이되, 가급적 값이 싼 개를 원했다. 숍에서 준비한 강아지들도 그런 기호에 맞춰져 있었다. 선비펫과 귀요미펫 두 곳에서 진열하고 있던 강아지는 56마리로, 그중 몰티즈와 푸들이 열한 마리 가량으로 가장 많았고, 그다음으로 포메라니안이 열 마리, 비숑 여덟 마리 순이었다.

선비펫 근무 마지막 날이었다. 오후 8시 퇴근 무렵, 60대 후반 여성이 머뭇거리며 매장에 들어왔다. 그는 며칠째 가게 앞에서 고민하다 들어왔다고 운을 띄웠다. 퇴근길에 들렀다는 그는 키우기 수월한 강아지를 찾고 있었다. "할배가 온종일 집에 혼자 있으니까." 이전에 키우던 강아지가 얼마 전에 세상을 떠났다고 했다.

그는 강아지가 털이 많이 빠지지는 않는지, 배변은 알아서 가리게 될지 궁금해했다. 그가 마음에 들어한 몰티즈는 65만 원이었다. 가격을 듣고 머뭇거리는 그에게 '배운 대로' 영업 멘트를 내뱉었다. "15년 이상 같이 살 가족이라고 생각하시면 비싼 금액은 아닐 거예요." 값을 더 깎아줄 수 없겠느냐고 묻던 그는 결국 내일 가족들과 다시 오겠다고 하고 돌아갔다. 과연 가족을 살 때 치러야 할 적당한 가격은 얼마일까?

그보다 앞서 강아지를 사간 20대 여성도 몰티즈를 원했다. 종종 쇼윈도 너머로 강아지를 구경하던 동네 주민이었다. 많은 것을 묻지 않고 입양을 결정한 그는 돈이 모자란다며 분양가 17만 원 가운데 10만 원은 다음 주에 주겠다고 했다.

반려동물을 키우는 일은 고정 지출이 늘어나는 일이다. 당장 입양비가 모자란 사람이 과연 개가 살아 있는 평생 동안 개에게 들어갈 비용에 대해서 생각해봤을까. 개를 파는 것이 우선인 펫숍에서 이에 대한 상담을 해줄 리도 만무했다. 그는 일부 외상으로 강아지를 사서 상자에 담아들고 곧장 사라졌다.

KB금융지주경영연구소의 〈2018 반려동물 보고서〉에 따르면 반려견을 키우는 가정은 월평균 12만 8천 원의 관련 비용을 쓴다. 반려 가구 중 관련 지출이 월 50만 원 이상이라고 답한 가구도 23.5퍼센트나 됐다. 강아지에게 예상치 못한 질병이나 사고가 발생하면 지출 비용은 더 늘어난다.

강아지들은 쉽게 팔려나갔다. 같은 날 저녁 선비펫을 찾은 한 20대 여성은 펫숍 누리집에서 이미 마음에 드는 포메라니안을 보고 온 상태였다.

그는 더 둘러볼 것도 없이 100만 원짜리 포메라니안을 카드 할부로 결제했다. 이제 막 '제 것'이 된 포메라니안을 두 손에 받아든 그는 꽤 들떠 보였다. 강아지 밥그릇, 배변 패드, 방석 쿠션 등을 함께 구매한 그는 숍에 들어온 지 20여 분 만에 택시를 타고 사라졌다.

이처럼 소비자들은 대부분 쓸쓸한 노년을 함께할 가족, 먼저 떠난 반려견의 빈 자리를 대신할 가족, 어린 자녀의 친구를 찾고 있다고 했다. 그들이 찾는 친구, 가족이 될 수 있는 조건은 구체적이었다. 작고 예뻐야 하고, 털이 덜 빠져야 하며, 배변도 잘 가리고, 짖지 않아야 하고, 사람의 말을 잘 들어야 했다.

귀요미펫에서 만난 한 커플은 근처에 사는지 편안한 차림으로 가게에 들어섰다. 점심 무렵 매장을 찾은 이들은 원하는 견종이 있다고 처음부터 못박아 말했다. "비숑을 많이 알아보고 왔거든요." 키우던 개가 세상을 떠나 새 가족을 입양하고 싶다고 했다.

수술 뒤 세상을 떠난 개가 암컷이었기 때문일까. 이들은 수컷 강아지를 원했지만, 개가 마킹(강아지들이 영역 표시를 위해 소량의 소변을 보는 것)을 하지는 않을까 걱정했다. "중성화를 일찍 시키면 괜찮을 거예요." 점장의 말이 설득력을 얻었는지 이들은 이날 수컷 비숑을 데려갔다.

일요일 오후 선비펫 매장을 찾은 부부는 일고여덟 살쯤 되어 보이는 아이와 함께였다. 이들은 매장에 없는 요크셔테리어 종을 찾고 있었다. 아이는 하얀 강아지에 마음을 뺏긴 듯했지만, 아이의 엄마는 오직 요크셔테리어 종만 고집했다. "어렸을 때 요키를 키웠는데, 영리하고 순했어요. 요크셔만한 게 없는 것 같아요."

아이의 친구가 될 수 있을 것 같다는 게 이유였다. 그러나 전문가들은 어린 자녀를 둔 가정에 요크셔테리어 종은 다소 적합하지 않다고 적고 있다. '가장 작은 개이기 때문에 어린 아이들과 키우기에는 적합하지 않다'(한국애견협회 애견 정보)거나, '주인에 대한 소유욕이 크고 질투심이 강한 편으로 집안에 어린이가 있을 경우 질투심을 더 심하게 느끼기도 한다'(이은숙,《강아지 기르기》)는 것이다. 20여 분간 우리와 이야기를 나누고 매장을 떠난 가족은 결국 다른 펫숍에서 강아지를 입양해 갔다고 한다.

쓰러지지 않을 만큼,
사랑받을 수 있을 만큼

경매장에서 통용되던 외모 공식은 이곳에서도 동일하게 적용되었다. 치와와는 작고 머리가 둥글어야 하고, 비숑은 머즐(주둥이)이 짧아야 했다. 반려견 관련 단체에서 발행하는 혈통서가 있거나 수입된 강아지라면 가격은 더 올라갔다.

펫숍들은 여러 가지 이유로 강아지 값을 내리거나 올렸다. 경매장에서 10만~30만 원에 거래되던 강아지는 펫숍에서 60만~80만 원가량에 팔렸다. 낙찰가가 100만 원이 넘는 강아지들은 200만~300만 원에 팔리기도 했다. 다만 각각의 가격이 들쑥날쑥했다. 주말에는 10퍼센트씩 인상되었고, '매장 이전 이벤트'라는 명목을 달아 안 팔리는 개들의 가격을 30퍼센트씩 파격 인하하기도 했다.

경매장이나 개농장 취재에서 만난 관련업자들이 우리에게 했던 조언은 틀리지 않았다. 싼값에 데려온 강아지라도 예쁘게 꾸며서 "말만 잘하면" 얼마든지 원하는 가격에 팔 수 있을 것 같았다.

2017년 3월 개정된 동물보호법상 펫숍은 구매자가 확인하기 쉽게 판매 동물의 요금표를 매장 내에 게시해야 하지만, 여전히 매장 안에서 강아지의 몸값은 오직 사장과 점장만 알고 있는 정보였다.

강아지의 가격이 외모에 따라 책정되는 이유도 펫숍에 와서야 이해하게 됐다. 주말이면 대여섯 무리의 손님들이 진열장을 기웃거리다 들어왔다. 근처 아파트 단지에 사는 주민들 같았다. 킥보드를 타던 아이의 손을 잡고 들어오는 부모, 저녁 산책길에 들른 모녀, 술을 한잔 걸친 듯 얼굴이 불쾌해 보이는 중년 남성 등이었다.

그들 모두 펫숍 유리 진열장의 작고 예쁜 강아지를 보고 충동적으로 들어온 것이었다. 사정이 그러하니 강아지의 몸값은 외모나 개월 수에 따라 책정될 수밖에 없었다. 안 그래도 손바닥만 한 강아지들은 펫숍에서 적게 먹이고 작게 키워졌다. 어린 강아지 중에서도 '티컵(찻잔) 사이즈'라 불리는 작은 개들은 더 비싼 가격에 팔리기 때문이다.

선비펫에서의 첫 업무는 아침 배식이었다. 사람이 다가가면 강아지들은 낑낑대기 시작했다. 전날 저녁으로 밥숟가락 하나 분량의 사료를 먹었을 것이고, 개들의 위장은 이미 텅 텅 비어 있을 터였다.

"불린 사료가 뭉치지 않게 잘 펼쳐줘야 해요." 배고픈 강아지가 사료를 허겁지겁 먹다가 기도가 막혀 죽을 수도 있다고 점장은 설명했다. 강아지들은 오전 10시와 오후 8시, 하루 두 번 사료를 먹었다.

분양이 되기 전에 '너무 커버리면' 안 되므로 최소한의 양만 급여받는다. 한 번에 한 스푼씩, 하루 두세 스푼 분량의 불린 사료가 주어졌다.

배식을 위해 유리장을 열면 강아지들은 흥분을 감추지 못했다. 배식할 때 주의점은 두 가지였다. 유리장에서 강아지가 튀어나오지 않게 할 것, 사료나 물을 너무 많이 주지 말 것.

사료와 물을 넣어주기가 무섭게 그릇은 깨끗이 비워졌지만 자칫하면 설사를 하기 때문에 너무 많이 주면 안 되었다. 다만 "저혈당 쇼크가 오면 큰일"이므로, 설사를 하지 않되 쓰러지지 않을 만큼 배식하는 요령을 익혀야 했다.

귀요미펫에서는 목이 말라 사료를 안 먹는 강아지도 있었다. 5개월 가까이 자라 더 이상 불린 사료가 아닌 건사료를 먹는 닥스훈트가 평소와 달리 사료를 먹지 않자, 점장은 물을 더 줘보라고 했다. 그릇에 물을 부어주자 닥스훈트는 목이 말랐다는 듯 달게 할짝거렸다. 강아지는 물을 다 마시고 나서야 남은 사료를 아작아작 씹어댔다.

"목이 마른지 어떻게 아셨어요?" 펫숍 경력 10년이면 개의 마음도 읽을 수 있는 건지 궁금했다. "여기 있는 개들은 물 주면 다 저렇게 잘 마셔요." 점장은 대수롭지 않게 말했다. 강아지들이 물을 마실 기회는 하루 두 번뿐이란 사실이 새삼스럽게 다가왔다. 배가 고픈 만큼 목도 마를 것이다.

강아지들이 먹는 사료의 포장지에는 일일 권장 급여량이 적혀 있다. '성견 체중 1~2킬로그램인 6~8주차 강아지에게 하루 40~50그램의 사료를 급여하라.' 권혁호 수의사는 4개월령 이하의 강아지에게는 하루 서너 번 사료를 급여해주는 것이 좋다고 조언한다.

권 수의사는 "몸무게 400그램의 강아지라면, 하루에 약 100칼로리가 필요하다. 해당 사료의 칼로리를 감안하면 하루에 40~50그램 정도를 주는 것이 맞다"고 설명한다. 펫숍에서 주는 사료 한 스푼의 중량은 8~10그램 안팎이니, 펫숍 강아

지들이 하루 동안 먹는 사료는 많아 봐야 30그램이 채 되지 않았다.

일이 이렇게 된 사정에는 더 작고 어린 견종을 선호하는 소비자들의 취향을 만족시켜야 한다는 이유가 서려 있다. 국내 반려견 가운데 가장 많은 비중을 차지하는 품종견은 몰티즈(23.9퍼센트), 푸들(16.9퍼센트), 시츄(10.3퍼센트) 등◆이다. 대체로 실내에서 키우기 좋은 소형 견종을 선호하는 것이다.

선비펫에 진열되어 있던 스물여덟 마리 견종도 이 통계와 비율이 비슷했다. 푸들이 일곱 마리로 가장 많았고 몰티즈, 장모 치와와, 비숑이 각각 다섯 마리였다. 포메라니안은 네 마리, 나머지 두 마리는 닥스훈트와 시츄였다.

판매 장부에 따르면 이 가운데 세 마리가 생후 2개월이 지나지 않은 어린 강아지였다. 나머지 대부분은 생후 3개월 이하였고, 3개월 이상 강아지는 두 마리밖에 없었다. 다 자라도 5킬로그램이 넘지 않는 소형견들 가운데 가장 어린 강아지를 경매장에서 데려온 것이다.

그럼에도 개는 생각보다 많이 팔리지 않았다. 우리가 일하는 동안 선비펫에서는 세 마리, 귀요미펫에서는 두 마리의 개가 가정으로 입양되었다. 매주 대여섯 마리의 강아지가 새

◆ 〈2018 반려동물 보고서〉, KB금융지주경영연구소, 2018.

로 들어왔지만 안 팔리는 강아지는 이곳에도 있었다.

유행을 따라 형성되는 시장 논리는 종종 공급 과잉으로 이어진다. 취재 과정에서 만난 한 번식업자는 "한국에 강아지가 너무 많다. 최근에는 푸들이 세 마리에 1만 원에 팔리는 것도 봤다"고 말했다. 팔리긴 팔리지만 '싼 물건'처럼 밀어낸다는 것이다.

결국 펫숍은 소비자의 취향에 품종을 맞추는 동시에 이미 생산된 품종견의 판매를 더 독려하는 수밖에 없다. 광고와 홍보, 즉 마케팅이 시작되는 것이다.

이때부터 우리는 닭이 먼저인지 계란이 먼저인지 헷갈리기 시작했다. 반려 산업이 소비자의 취향을 만족시키기 위해 작고 어린 강아지를 주로 유통하는 현실을 보아왔지만 이 취향 역시 '만들어진 것'이라는 사실을 농장, 경매장, 펫숍을 모두 취재하고 나서야 알게 되었다. 올리브동물병원 박정윤 원장은 "대중매체가 유행 견종을 만든다. 최근 치와와 중에서도 장모종이 많은 이유는 한 방송사 예능 프로그램에 해당 종이 출연했기 때문"이라고 말했다.

유명 연예인이 키운다거나 특정 '스타견'이 방송에 출연해 화제가 되면 덩달아 해당 품종의 인기도 높아진다는 것이다. 유행은 SNS를 따라 빠르게 확산된다. 2000년대 한 예능 프로그램에 등장해 인기를 끈 '상근이'가 대표적 사례다.

상근이는 그레이트피레네 종의 유행을 일으켰지만 국내 주거 환경에서는 키우기 힘든 대형견이었다. 인기는 금방 사그라들었고, 유기견 보호소에서 해당 견종이 자주 발견되자 사회적 이슈가 되기도 했다.

이후에도 웰시코기, 실버 푸들, 장모 치와와, 시바견 등 유명 연예인의 SNS에 등장하거나 방송을 탄 견종들이 차례로 유행세를 탔다.

우리는 농장, 경매장, 펫숍에서 그 실태를 확인했다. 특정 품종견이 유독 많이 생산-유통-판매되고 있었다. 몰티즈, 푸들뿐만 아니라 최근 유행하는 견종인 비숑, 포메라니안, 장모 치와와 등이 주로 거래되었다.

어느 날은 한 유명 연예인의 매니저가 귀요미펫 매장을 찾았다. 그는 방문 전 하얀 포메라니안을 예약했다. 그가 맡고 있는 연예인의 아내가 키울 것이라고 했다. 강아지의 가격이나 건강 상태를 살피던 매니저는 며칠 후 다시 매장을 찾기로 하고 돌아갔다. 펫숍 직원은 그가 매장을 떠나고 얼마 뒤 다시 통화를 시도했다. "혹시 SNS에 분양 사진 한 장 올려주실 수 있을까요?" 홍보를 부탁하는 전화였다.

강아지를 사는 일은 온라인 쇼핑만큼 쉬워 보였다. 포화된

애견 분양 시장에서 살아남기 위해 펫숍들은 24시간 분양 상담, 전국 배송 서비스, 지점 간 연계 등으로 언제든 강아지를 사고팔 수 있는 시스템을 구축해놓고 있었다.

선비펫 간판에도 '24시간 분양 상담'이란 문구가 번쩍였다. 실제로 이들은 누리집 채팅창, 카카오톡, 네이버 톡톡 등 구매자의 문의에 실시간으로 답변을 할 수 있는 창구를 여러 곳 마련해놓고 있었다. 늦은 밤에도 정말 분양 상담을 하는 사람이 있는지 물으니 "새벽 두세 시에도 물어보는 사람이 있다"고 사장은 답했다.

귀요미펫은 서울과 수도권에 여러 지점을 운영하고 있었다. 지점들은 단체 카카오톡 채팅방을 만들어 실시간으로 서로의 영업을 도왔다. 구매자가 찾는 견종이 없다면 다른 지점에서 강아지를 데려다주거나, 다른 지점으로 구매자를 연결해 끝까지 개를 사도록 유도했다. 이들이 '예약제'를 내세워 "고객과의 끈을 놓치지 않으려고" 노력하는 이유다. 일단 전화로 한번 통화가 된 고객이라면 상담을 내세워 계속 영업을 하는 것이다.

얼마 뒤 우리는 어느 대형 프랜차이즈 펫숍에서 근무했던 ㄱ씨를 만났다. 그가 일했던 펫숍은 전국 스물한 곳에 지점을 갖춘 국내 최대 규모 프랜차이즈 펫숍이었다. 그는 이곳이 "없는 개도 구해다주는 서비스로 유명"하다고 말했다.

ㄱ씨는 2019년 3월부터 두 달간 펫숍의 SNS 홍보글을 작성하는 일을 했다. 공식 누리집, 블로그, 인터넷 카페, 심지어 중고 물품 거래 어플에도 분양 홍보글을 올렸다. ㄱ씨는 본사가 제시하는 홍보 매뉴얼이 존재한다고 설명했다.

"제가 글을 올리고 단톡방에 알리면 '품앗이'라고 해서, 다른 지점 사람들이 댓글을 달고 '좋아요'를 눌러 인기글을 만들어요." 이렇게 작성된 게시글들은 포털 사이트에서 더 많이 쉽게 노출된다. 때문에 ㄱ씨는 지역명, 강아지 분양, 애완견 분양 등의 단어를 조합한 글을 작성해 포털 사이트 검색 상단에 노출되도록 만드는 요령도 익혀야 했다.

사정이 이렇다 보니 온라인에서 사진만 보고 강아지를 사는 사람도 있다고 했다. 전화로 분양을 상담하고 제주도까지 강아지 '배송 서비스'를 하는 식이다. "'애들 한번 (직접) 보시는 게 좋을 것 같아요'라고 안내해도 그냥 온라인으로만 사더라고요." 배송은 단기 아르바이트를 쓰기도 했지만 이런 동물 배송만 담당하는 업체까지 따로 있다고 했다.

포화 상태인 강아지 분양 시장에서 살아남기 위해 펫숍들은 언제든 큰 불편 없이 강아지를 사고팔 수 있는 시스템을 만들어낸 것이다.

5개월 페키니즈의
멈춰버린 시간

펫숍 강아지들이 하루 중 유일하게 좁은 유리장을 탈출하는 시간이 있다. 배식과 분양장 청소가 끝나면 강아지도 잠시나마 바깥바람을 쐰다. 눈곱을 떼고, 귓속을 청소하고, 발톱을 다듬고, 엉킨 털을 빗는 시간이다. 펫숍 직원들은 이 과정을 '세팅'이라고 불렀다. 강아지를 보기 좋게 단장하면서 어디 아픈 곳이 없는지 상태를 살피는 것이다.

세팅은 다른 강아지뿐 아니라 사람과의 접촉도 최소화하는 방법으로 관리되는 강아지들이 하루 중 유일하게 사람과 소통하고 온기를 느끼는 시간이기도 했다. 이 시간이 되면 강아지들은 빨리 꺼내달라는 듯 다가오는 사람을 향해 짖거나 꼬리를 흔들었다. 부산스럽던 강아지도 품에 안으면 이윽고 조용해졌다.

'한스'도 그런 아이 중 하나였다. 이제 견생 5개월 차를 맞는 비숑프리제 한스는 허공에 대고 자주 거칠게 짖어댔다. 2019년 1월에 태어난 한스는 선비펫의 스물여덟 마리 강아지 중 가장 맏형이었다.

한스의 맨 처음 몸값은 80만 원이었다. 두어 달이 흐르자 한스의 몸값은 70만 원으로 떨어졌다. 보송한 배냇털이 비숑프리제 특유의 곱슬털로 자라나 눈을 가릴 즈음엔 60만 원이 되었다. 분양장 문을 열 때마다 손에 매달려 장난을 치고, 작은 소리로 앙앙 짖는 한스에게 유난히 마음이 갔다.

펫숍 사장은 아르바이트생인 나에게라도 강아지를 팔고 싶어 했다. "50(만 원)에 줄 테니 데려가요." 5개월밖에 안 됐지만 '상품'으로서의 가치는 이미 떨어질 대로 떨어져버린 뒤였다. 그들도 분양장에서 자란 개들을 측은하게 여겼다.

"이런 애들은 이제 장이 작아요." 분양장을 청소하던 사장은 한스를 바닥에 내려놓았다. 가로 80센티미터, 세로 60센티미터 크기의 유리장에서 벗어난 강아지는 신이 난 듯 졸래졸래 매장을 탐색했다. 하지만 그것도 잠시, 분양장 청소가 끝

나면 한스는 다시 난생처음 얻은 한 칸짜리 유리방으로 돌아
가야 했다.

비숑프리제는 최근 4년간 가장 인기가 높아진 견종이다.
하얗고 보송보송한 털 때문에 '걸어다니는 솜사탕'이라 불리
기도 한다. 2015년부터 2018년까지 한국애견연맹의 혈통 등
록 현황을 보면 1위가 비숑프리제, 2위가 포메라니안이다.
2018년 한 해 등록된 비숑프리제의 수만 3,790마리, 포메라
니안은 3,394마리다.

인기가 많은 만큼 펫숍에서도 이들 견종을 여러 마리 데
리고 있었다. 문제는 어떤 이유에서건 강아지들이 새 가족을
빨리 만나지 못하면 2~3개월 동안 펫숍에서 자라게 된다는
것이다.

귀요미펫에서 만난 흰색 페키니즈 '루루'도 특별히 오래
기억에 남았다. 태어난 지 5개월된 루루는 이미 성견에 가까
웠지만 여전히 아기 같았다. 귀 청소를 위해 무릎에 앉히면
양발로 배를 누르며 품으로 파고들었다. 루루는 어미 배에서
젖을 찾는 것처럼 사람의 배에 주둥이를 가져다 댔다. 루루
의 시간은 어미와 헤어진 석 달 전의 순간에 멈춰 있는 것처
럼 보였다.

어미젖이 그리운 것은 루루뿐만이 아니었다. 분양장을 청

소할 때면 동그랗게 튀어나온 분양장의 경첩 부분이 유난히 꼬질꼬질해져 있었다. 동그랗게 튀어나온 나사들이 젖꼭지를 닮은 탓인지 강아지들이 온종일 물고 빨아 침 자국으로 더럽혀진 것이다.

어린 강아지를 경매장에서 데려와 펫숍에서 몇 달 동안 관리하면서 벌어지는 가장 큰 문제는 '강아지의 비사회화'에 있다고 권혁호 수의사는 설명한다. 강아지 공장의 실태와 입양 상식을 담은 《올바른 반려견 문화를 위한 최소한의 지식서》를 펴낸 권 수의사는 "강아지들은 생후 1~2개월 사이에 엄마로부터 배우고 2~3개월 사이에 다른 개들과 지내면서 사회화된다"고 말했다.

강아지가 '개로서 가장 자연스러운' 배변, 행동, 표현, 규범 등을 집중적으로 익히는 이 시기에 어미와 떨어져 지내면 "나중에 행동 장애가 발생할 확률이 높다"는 것이다. 사회화가 덜 된 강아지의 행동 장애는 유기의 배경이 되기도 한다.

반려견 행동 전문가 강형욱 보듬컴퍼니 대표도 그의 책 《당신은 개를 키우면 안된다》에서 "사회화 시기가 개의 평생을 좌우한다"며 그 중요성을 강조하고 있다. 그는 개농장에서 태어나 어미와 형제들의 돌봄을 받지 못한 강아지의 경우 가정으로 입양된 뒤에도 정서적으로 불안해하며 배변 교육에 어려움을 겪을 수 있다고 지적한다.

강 대표는 강아지를 입양할 때 '강아지가 어미견과 얼마나 함께 있었느냐'를 반드시 확인하라고 말한다. 그는 생후 40일 된 강아지 분양 광고를 낸 한 애견 호텔을 예로 들며 "애견 호텔에서 한 달간 아무리 정성껏 보살핀다고 하더라도 강아지가 어미견으로부터 배우는 사회화 과정을 제대로 거칠 수는 없다"고 말한다. 강아지의 육체적 발육뿐 아니라 정서적 발육도 고려해야 한다는 것이다.

펫숍에서 강아지들의 배설물을 치우는 일은 '발견 즉시' 해야 할 일 중 하나였다. 강아지들은 종종 자신의 분변을 어찌할 줄 모르는 것처럼 보였다.

귀요미펫에서 만난 어린 포메라니안은 종종 자신의 분변 위에 그대로 앉거나, 제대로 뒤처리를 못해 엉덩이 털에 굳은 똥덩어리를 달고 다녔다.

선비펫에서는 강아지가 싼 똥을 바로 발견하지 못해서 여러 번 핀잔을 들어야 했다. 손님들 보기에 안 좋기 때문이기도 하겠지만, 그들은 다른 것을 염려하고 있었다. 바로 식분증이었다. 식분증은 강아지가 자신의 배설물을 먹는 증상을 말한다.

2019년 3월, 강원도 강릉의 펫숍에서 한 여성이 3개월 된 몰티즈를 집어 던져 사망케 한 충격적 사건이 있었다. 식분 증이 있는 강아지를 숍에서 환불해주지 않는다는 이유였다. 강아지 식분증에는 여러 가지 이유가 있을 수 있다. 영양 결 핍, 질병 등 생리학적 원인도 있지만 여러 전문가들은 환경 이나 학습을 통한 행동학적 원인을 꼽는다.

어린 강아지들은 넓은 장소와 충분한 놀이 시간이 주어지 지 않으면 단순한 호기심에서 똥을 먹기 시작한다. 장난 삼 아 냄새를 맡고 맛보다가 습관으로 굳어지게 되는 것이다. 사람 눈에 혐오스럽고 이상하게 보일 뿐 '이상 행동'은 아니 라고 하지만, 이렇게 시작된 식분증은 짧은 시간 안에 고쳐 지지 않는다.

전문가들은 공통적으로 식분증이 생기기 쉬운 '문제적 환 경'에 대해 지적한다. 성견이 되어서까지 식분증을 교정하 지 못하는 개의 경우, 제대로 된 돌봄을 받지 못했을 가능성 이 크다. 개농장, 펫숍 등 일반 가정보다 영양 상태나 사육 환 경이 열악한 곳에 있던 개들은 자신의 주변을 정리하기 위해 혹은 스트레스를 해소하기 위해 똥을 먹기 시작한다.

박정윤 올리브동물병원장은 '식분증 몰티즈 사망 사건'을 두고 "강아지 공장에서 태어나 펫숍 생활을 한 강아지는 그 럴 수밖에 없다"고 말한다. 박 원장은 "이 사건은 단순히 동물학대범만의 문제가 아닌, 누구라도 동물을 살 수 있는 말도 안 되는 시스템이 저지른 일"이라고 지적한다.

어린 시절을 어떻게 보냈는지 알 길이 없는, 유리장 속 강아지가 일반 가정으로 분양된 뒤 어떻게 생활할지는 누구도 장담할 수 없는 일이다.

그러나 펫숍에는 준비된 답변들이 있었다. 배변 훈련 걱정에는 "똑똑한 아이들이라 금방 배운다"고 안심시키고, 털 빠짐은 "이중모라 털갈이가 없다"고 간단하게 답하면 끝이다. 암컷을 원하지만 중성화 수술이 부담된다고 하면 수컷으로 마음을 돌리게 하면 되는 것이다.

이 때문인지 말 못하는 동물들은 파양되거나 교환되기 일쑤였다. 프랜차이즈 펫숍에서 일했던 ㄴ씨는 파양되어 돌아온 한 몰티즈 이야기를 들려주었다.

강아지를 파양한 사람은 처음부터 "혹시 집에 가서 마음에 안 들면 다시 데려와도 되느냐"고 물었다고 한다. 며칠이 지나지 않아 그는 매장에 손님이 몰린 틈을 타 말없이 몰래 몰티즈를 버리고 사라졌다. 개가 밥을 잘 먹지 않는다는 이유였다.

ㄴ씨는 하루에 세 시간만 일했지만, 그 짧은 시간에도 구매자들의 문의 전화가 끊이지 않았다고 했다. "하루에 두세

번은 꼭 전화가 와요. '아이 상태가 왜 이러냐', '교환해달라', '환불해달라' 하는 경우도 있고요."

계약서를 제대로 읽지 않은 구매자란 뜻이었다. 강아지 분양 때 작성하게 되는 애견 분양 계약서에는 보통 환불 조항이 없다. 분양 후 14일 이내 파보나 홍역 등 개에게 질병이 발생할 경우에는 펫숍이 이를 책임지지만, 기본적으로 환불이나 교환은 불가능하다. 폐사할 경우에만 동종의 강아지로 교환해주는 정도다.

펫숍에서는 강아지 분양 시 계약을 설명하고 서명을 받지만, 새 가족을 맞는 기쁨이 앞선 보호자들은 이런 불행이 자신에게도 닥칠 수 있다는 생각은 쉽게 못하는 것 같았다.

물론 펫숍 쪽에서 계약서를 아전인수식으로 설명하고 넘어가는 면도 있었다. 선비펫의 사장은 계약서에 쓰인 폐사라는 말이 구매자를 겁먹게 할 수 있으니 그 단어는 쓰지 말라고 했다. "폐사 부분은 빨리 뛰어넘고, 말할 때도 '안 좋게 되었을 시'라고 표현해요." 기본적으로 환불은 불가능함을 설명하면서 교환 또한 "생명이기 때문에 강아지를 교환하게 되면 파양을 경험한 아이의 입장에서 좋지 않다"고 돌려 설명하라고 했다.

사실 펫숍이 한스와 루루 같이 다 자란 강아지를 처분하는 방법은 따로 있었다. 이른바 '책임 분양'이었다. 보통 책임 분양이란 보호자가 동물을 분양받으면서 '책임비' 명목으로 일정 금액을 지불하는 것을 말한다. 하지만 펫숍에서는 분양이 잘 되지 않는 동물을 저렴한 가격으로 팔면서, 분양 뒤 질병이나 폐사가 발생할 시에도 아무런 책임을 지지 않는 계약 조건을 뜻하는 용어로 사용했다.

가족을 못 만난 강아지들이 이렇게라도 가족을 만난다면 좋은 게 아닐까. ㄴ씨는 이것 또한 다른 종류의 판매 방식일 뿐이라고 했다. 그러면서 책임 분양만 따로 홍보하는 카페가 있다고 했다.

"강아지 사진을 올리면서 1~4차 접종도 완료했고, 건사료도 잘 먹는다고 하면 연락이 많이 와요. 공짜인 줄 알고 전화한 사람들도 '파양을 막기 위해 돈을 받는다'고 설명하면 세 명 중 한 명은 돈을 내거든요. 결국 강아지를 사는 거죠."

최근에는 책임 분양을 영업 전략으로 삼는 신종 펫숍까지 등장했다. 이 펫숍은 '안락사 없는 유기동물 보호소'를 내세워 유기견 및 파양견을 되판다. 보호자에게 파양비 명목으로 돈을 받고 개를 데려와서, 새로운 입양자에게 책임비를 받고 파는 것이다.

이런 영업으로 문제가 되었던 프랜차이즈 펫숍의 한 지점에서는 질병이 있는 강아지를 분양하며 새 보호자에게 아무런 설명을 하지 않아 마찰이 일었다. 2019년 7월 초 반려인 ㄷ씨가 강아지 관련 커뮤니티에 올린 글에 따르면 그는 책임 분양으로 해당 펫숍에서 여섯 살짜리 포메라니안을 분양받았다.

그 후 강아지의 전반적인 상태가 좋지 않아 병원을 찾은 그는 예상치 못한 결과를 맞닥뜨리게 됐다. 분양 당시 건강하다는 펫숍 연계 병원의 진단과는 다르게 개는 슬개골 탈구가 상당히 진행되어 있었고, 기관지 합병증 등의 질병도 앓고 있었던 것이다.

그는 계약서를 작성할 때 이런 질병에 관한 설명은 듣지 못했다고 했다. "업체 쪽은 파양할 때 (질병에 관해) 전 주인이 말해주지 않으면 알 수가 없다고 말하더라고요." ㄷ씨는 펫숍과의 실랑이 끝에 분양받았던 개를 다시 돌려보낼 수밖에 없었다. 포메라니안은 졸지에 두 번 버림받는 신세가 되었다.

끝나지 않는
생사의 갈림길

"강아지를 데려다 죽이지 않는 게 중요해." 경매장을 오가며 만난 관련 업자들은 우리에게 종종 이렇게 말했다. 그게 무슨 뜻인지 펫숍에 와서 확실히 알게 되었다. 이 특수한 '단체 생활'에서 강아지들은 언제라도 죽을 가능성이 있었다. 펫숍 사장과 점장은 작은 부주의가 사고로 이어질 수 있다고 우리에게 늘 신신당부하며 경고했다.

어린 강아지는 때때로 분양장 문에 매달려 '탈출'을 시도했다. 사료 배식이나 청소를 위해 분양장 문을 열 때 가장 주의해야 할 점이었다. 호기심 많은 강아지는 분양장 문이 열리면 그때를 기회 삼아 사람의 손에 매달리고 밖으로 나오려고 했다.

분양장은 대부분 지상에서 60~120센티미터 높이에 설치되어 있었다. 구경하는 사람의 눈높이를 고려한 위치로 추정되는데, 어리고 작은 강아지는 여기서 떨어지면 크게 다치거나 죽을 수 있다. 또한 위가 뚫린 분양장은 개가 유리벽을 뛰어넘다 떨어질 수도 있고, 천장이 있는 분양장은 문이 덜 닫혀 추락할 위험이 있었다.

좁은 분양장 안에는 녀석들의 호기심을 충족시켜줄 것이 없었다. 사람이 지나가면 강아지들은 두 발로 분양장 문을 향해 서서 눈길을 끌었다. 고작 하루에 두 번 남짓 열리는 문밖이 궁금한 것은 어쩌면 당연한 일이었다.

선비펫 점장은 이전에 일했던 다른 펫숍에서 분양장에서 떨어져 죽은 강아지를 본 적도 있다고 했다. "머리부터 잘못 떨어져 죽었죠. 순식간이에요. 떨어뜨린 직원은 울고불고…." 그 사고로 죽은 '강아지 값'은 직원의 월급에서 빠져나갔다고 했다.

점장이 추락 사고를 주의하라고 몇 번이나 일렀지만 우리는 일에 서툴렀다. 어느 날 오후, 등 뒤에서 '쿵' 소리가 났다. 털끝이 쭈뼛 서며 심장이 덜컥 내려앉았다. 그렇게나 여러 번 주의를 받았지만 실제로 강아지가 떨어질 수 있다고는 생각지 못했는데….

뒤를 돌아보자 검은 포메라니안이 바닥에 떨어져 버둥거리고 있었다. 허둥지둥 분양장 청소를 하다 보니 문이 덜 닫혔던 것이다. 강아지는 2층 분양장에서 바닥으로 추락했다. 다행히 강아지는 살아 움직이고 있었다. 미안한 마음에 눈물이 났지만 다시 좁은 방으로 돌아간 강아지는 별일 아니라는 듯 총총거렸다.

우리의 부주의로 큰일을 치를 뻔했지만 어쩔 수 없는 면도 있었다. 언제 어떻게 움직일지 모를 강아지 30여 마리를 홀로, 혹은 둘이 돌보며 관리하기에는 벅찼기 때문이다.

동물보호법이 정한 동물판매업장 사육·관리 인원(1인당 50마리) 기준을 준수한다 해도, 한 사람이 오전 10시부터 오후 2시까지 강아지들을 먹이고, 씻기고, 털을 빗기고, 펫숍 곳곳을 청소하다 보면 주의력은 흐트러지게 마련이었다.

부지불식간에 일어나는 사고 외에도 강아지들의 생사를 가르는 요인은 많았다. 질병도 그중 하나였다. 선비펫에는 질병의 확산을 막기 위해 그들이 정한 나름의 까다로운 규칙이 있었다. "강아지를 만지다가 소독 안 하고 다른 강아지를 만지면 절대 안 돼요." 점장은 무엇보다 철저한 위생을 여러 번

강조했다.

점장은 강아지를 만지고 나면 버릇처럼 손과 몸에 소독제를 칙칙 뿌렸다. 유리장을 닦을 때 쓴 일회용 장갑과 행주는 모두 폐기했다. 밥그릇을 닦을 때도 설거지 전에 분말 소독제로 먼저 깨끗이 소독했다.

이렇게 위생에 신경을 쓰는 이유가 각기 다른 농장에서 온 강아지들이 어떤 질병을 갖고 있을지 알 수 없기 때문이라는 것을 나중에야 알게 되었다.

생후 2개월 안팎이 되면 어미젖을 갓 뗀 강아지들의 면역력은 매우 취약해진다. 어미젖으로부터 받던 항체가 사라지기 때문이다. 그래서 항체가 형성되도록 이 시기에 예방접종이 차례로 이루어진다. 이 무렵의 강아지는 감기, 홍역, 파보장염, 코로나장염 등을 조심해야 한다.

우리가 일한 두 곳의 펫숍은 모두 동물병원과 연계가 되어 있다고 밝히고 있었다. 지정된 동물병원에서 예방접종, 검진 및 진료를 받고 있다는 뜻이다. 또 수의사에게 직접 검진을 받은 다음 분양을 한다고도 홍보하고 있었다. 하지만 어쩐 일인지 경매장에서 온 강아지들이 병원에 가는 모습은 한 번도 보지 못했다.

알고 보니 예방접종 또한 펫숍에서 해결하고 있었다. "강아지를 오래 관리하다 보면 어디가 아픈지 알게 되고, 병원에 가면 다 돈이기 때문"에 병원이 아닌 펫숍에서 자가로 치료하고 있다고 선비펫의 사장은 설명했다.

분양 계약서를 쓸 때도 개가 아프면 숍으로 먼저 연락하라고 안내했다. 그는 "강아지에게 문제가 생겼을 시에는 반드시 숍에 말해야 하고, 다른 병원에서 임의로 치료한 경우 치료비를 줄 수 없다"고도 덧붙였다.

현행법상 반려동물 자가 진료는 위법이다. 2017년 7월 수의사법이 개정되어 수의사가 아닌 반려인이 백신을 주사하는 행위는 금지되었다.

농림축산식품부의 사례집도 '펫숍과 개농장에서의 주사 행위는 불법'이라고 명시하고 있다. 하지만 종합 백신이나 항생제 등은 아무런 규제 없이 약국 등에서 구매할 수 있다. 펫숍의 자가 치료 및 예방접종이 만연한 이유다.

펫숍에는 일종의 치료실도 있었다. 눈에 잘 띄지 않는 매장 안쪽에 분양장 두어 개가 따로 설치되어 있었는데, 대개는 그곳을 '격리실'이라고 불렀다. 아프거나 농장으로 돌려보낼 개체들을 위한 공간이었다. 격리실에는 포도당 주사제, 항생제 등 약품과 빈 주사기, 링거 병 등이 구비되어 있었다.

귀요미펫 격리실에는 한눈에 보아도 상태가 좋지 않은 품

위 인간이 구경하기에 최적화된 펫숍 유리장 속 강아지들은 언제나 굶주림과
    낙상, 전염병 등의 위험에 노출되어 있다.

아래 포도당 주사제, 항생제 등 약품과 주사기 등이 구비되어 있는 펫숍 구석의
     격리실.

종묘 두 마리가 지내고 있었다. 아래층의 샴 고양이는 며칠째 눈병이 낫지 않아 격리실에서 지내는 처지였고 위층 브리티시숏헤어는 무슨 이유에서인지 밥을 잘 먹지 않았다. 점장과 직원은 고양이들에게 링거 주사를 놓거나 약을 먹였지만, 병원에 데려갈 생각은 좀처럼 못하는 것 같았다. 아니, 안 하는 것 같았다. 이곳에 출근한 6일 동안 두 마리의 고양이는 내내 격리실에서 나오지 못했다.

다른 펫숍에서 일했던 ㄱ씨도 아픈 강아지들에 관해 어렵게 이야기를 꺼냈다. 그는 병원에 가보지도 못하고 펫숍 격리실에서 죽은 강아지를 봤다고 말했다. "원래 애들이 처음 (펫숍에) 오면 많이 낑낑대고 울어요. 그래도 하루 지나면 괜찮아지는데, 그 프렌치불독은 계속 울었어요."

프렌치불독은 해당 펫숍에 온 지 일주일 만에 격리실에 들어갔다. 펫숍 직원들이 주사를 놓는 등 '집중 케어'를 했지만 약 3주 뒤 그곳에서 세상을 떠났다.

ㄱ씨는 그 강아지가 죽기 하루 전날이 기억난다고 했다. 가까이 가면 반갑다고 조금씩 반응을 보이던 강아지가 그날만큼은 축 처져 있었다. "눈빛을 잊을 수가 없어요. 보자마자 가슴이 턱 막히면서 '애 죽겠다'는 생각이 들었어요."

2019년 5월 펫숍 잠입 취재 기획 당시, 우리는 한 인터넷 커뮤니티에서 충격적인 글을 봤다. '애견숍에서 근무했던 사람입니다. 각오하고 올립니다'라는 제목의 게시물이었다.

얼마 전까지 펫숍에 근무했었다는 글쓴이는 "어떤 말부터 시작해야 할지 모르겠다"며 펫숍에서 겪은 일들을 상세히 적어 내려갔다.

강아지들의 출처에서부터 펫숍의 운영 방식, 판매 방법, 분양 조건 등이었다. 세부적인 사항들은 조금씩 달랐지만, 그가 일했던 곳은 우리가 일했던 두 곳의 펫숍과 큰 틀에서 비슷해 보였다.

무엇보다 충격적인 것은 자가 치료를 받다 죽은 강아지들에 관한 내용이었다. 파보장염에 걸린 강아지를 치료하다 죽으면 "신문지에 싸고 비닐봉지에 한 번 더 싸서 냉동실에 얼렸다가 일반 쓰레기로 버린다"는 설명이었다.

"여름에는 파보균이 더 잘 돌기 때문에 관리를 잘못해서 많이 죽을 때는 한꺼번에 20마리씩 죽기도 합니다. 그러면 개가 좋아서 일을 시작한 사람들은 바닥에 주저앉아 울면서 강아지 시체들을 쌉니다."

어미 품에서 일찍 떨어진 강아지들이 이런 방식으로 얼마나 죽어갔는지 우리는 알지 못한다. 더 작고 어린 개체를 얻기 위해 교배된 강아지들은 어쩌면 처음부터 그리 건강하지 않았을 수 있다.

취재 중 만난 한 수의사는 한국 개들이 유난히 슬개골 탈구가 많은 이유가 있다고 말했다. 그는 "슬개골 탈구의 84퍼센트가 유전적 원인"이라고 지적했다. 슬개골은 개의 무릎 근처 뼈로, 슬개골 탈구는 움푹 들어가 있어야 할 뼈가 어긋나서 안쪽이나 바깥쪽으로 튀어나오는 질환을 말한다.

슬개골 탈구의 원인은 크게 두 가지인데, 높은 곳에서 추락하는 등의 사고와 선천적인 관절 기형이다. 선천적 이상은 몰티즈, 토이푸들, 포메라니안, 치와와 같은 소형 견종에서 많이 나타난다. 외국의 경우 슬개골 탈구가 있는 개들은 대부분 교배를 하지 않는다. 무분별한 교배가 선천적 탈구를 불러올 수 있기 때문이다.

부적절한 교배로 인한 유전 질환은 희귀한 모색을 가진 품종견 사례에서도 볼 수 있다. 흔히 블루멀(푸른빛이 도는 얼룩무늬 모색), 레드멀(초콜릿멀), 세이블(검은색이 섞인 모색), 트라이컬러(세 가지 색이 섞인 모색), 데플컬러(두 종류 이상의 색이 섞인 모색), 이자벨컬러(은빛 갈색)라 불리는 특이한 모색이 있다.

치와와, 닥스훈트, 보더콜리, 셰틀랜드양몰이개와 같은 견종이 이런 희귀 모색을 지닐 수 있다. 이런 특이한 털을 가진 강아지들은 다른 품종견보다 높은 가격에 판매된다. 선비펫에 있던 블루멀 장모 치와와는 분양가가 300만 원으로, 당시 매장에 있던 강아지 중 가장 비쌌다.

문제는 이런 희귀 모색이 열성인자로 인해 발현된다는 사실이다. 우성 모색 유전자인 검정은 부모견 중 하나만 가지고 있어도 새끼 개에게 나타나지만, 갈색 같은 열성 유전자는 반드시 두 개의 유전자 복사형이 있어야만 다음 대에서 색이 표현된다.

따라서 희귀한 모색을 얻기 위해 교배를 하다 보면 다른 유전적 질환이 일어날 확률도 높아진다. 난청, 저시력, 눈 기형, 구강 부정교합 등이 대표적인 질환이다. 때문에 윤리적 브리더들은 해당 견종에 있어서 같은 열성인자들끼리의 번식을 금지하고 있다.

부모견을 확인할 수 있는 브리더를 통한 입양을 권하는 이유가 바로 이것이다. 셰틀랜드양몰이개 전문 견사인 '제이드스타 켄넬'을 운영하는 홍은랑 브리더는 "브리더라면 한 견종을 최소 4세대 이상 브리딩 해봐야 한다"고 강조했다.

2019년 8월 경기도 포천의 한 견사에서 만난 홍 브리더는 "여러 세대에 걸쳐 번식을 시켜봐야 개들의 유전자가 어떻게 발현되는지 경험과 지식이 쌓인다"고 말했다. 그는 부모견의 유전자 검사를 통해 1년에 단 세 마리의 새끼 강아지만 생산하는 소규모 브리더다. 2002년 전문 브리더에게 콜리 세 마리를 입양받으면서 브리더의 길로 들어섰다는 그는 "개가 너무 좋아서" 17년째 이 일을 해오고 있다고 했다.

우리가 펫숍에서 만난 사람들도 모두 '개를 좋아하는' 사람들이었다. 개를 좋아하기에 개를 키우고 싶어 했고, 팔고, 샀다. 펫숍 직원들도 집에서 두세 마리의 개를 키우는 반려인이었다. 일부 업주들은 근처에 집을 두고도 펫숍에 기거하며 강아지들을 돌봤다. "살아 있는 생명을 다루는 일이니까 힘은 들지만" 자신의 일을 좋아하는 것처럼 보였다.

아이러니하게도 강아지들로서는 사랑받을수록 더 소비될 수밖에 없는 덫에 빠진 것이다. 그렇다면 우리는 언제부터 개를 사고팔기 시작한 걸까. 한국의 '펫숍 시대' 출발은 '충무로 애견 거리' 형성과 맞물린다. 서울 중구 충무로에 애완동물 거리가 생긴 시기는 1960년대다. 1950년대 명동에 있던 애완동물센터 '애조원'이 명동 개발 흐름에 밀려 충무로로 근거지를 옮기면서, 그 주변에 펫숍이 하나둘씩 자리를 잡기 시작한 것이다. 서울역사박물관이 발간한 〈세운상가와 그 이웃들〉은 충무로가 1990년대까지 전국 반려견 입양 수요의 80퍼센트를 감당했다고 적고 있다.

'애완동물 1번지'로 호황을 누리던 충무로는 2010년대 이마트 등 대형 유통업체가 반려동물 판매를 시작하고, 이후 대도시를 중심으로 전국 곳곳에 2,700여 개의 펫숍이 들어서면서 쇠락했다(2014년 농림축산검역본부 동물보호관리시스템 자료). 이제 한국의 반려견 산업은 디지털의 속도로 확산되어 SNS에서 강아지를 거래하는 지경에 이르렀다.

이렇게 펫숍 마케팅이 고도화되고 복잡해지는 가운데 개들은 계속해서 버려진다. 2019년 7월 농림축산검역본부가 발표한 〈2018년 반려동물 보호·복지 실태조사 결과〉를 보면, 2018년에 새로 등록된 반려견은 14만 마리였다. 그런데 같은 기간 전국 동물보호센터에서 구조한 개는 9만 마리였다. 한쪽에선 가족을 만나는 반려견이 급증하고 있지만 그 수의 64퍼센트가 다시 유기되고 있는 셈이다.

유기견 통계를 살펴보면 한때 유행했던 품종이 몇 년 뒤 유기되는 추세가 확연해진다. 농림축산검역본부 동물보호관리시스템을 보면, 2010년 399건에 불과했던 포메라니안 유기견 수는 2018년 2,217건으로 늘어났다. 2018년 비숑프리제의 유기 건수는 348건이었지만, 해당 종이 인기를 얻기 전인 2010년에는 한 건도 없었다.

반려동물 유기는 우리나라만의 문제가 아니다. 때문에 동물권 선진국에서는 동물을 사고파는 일을 규제하는 추세다. 독일은 '동물헌법'에 따라 반려동물 매매를 완전히 금지하고 있다. 강아지 또는 고양이를 파는 펫숍이 아예 없다. 반려동물을 키우기 위해서는 유기동물을 입양해야 한다.

미국 캘리포니아주는 2019년부터 비영리 동물구조단체가 구조한 유기동물만 펫숍에서 거래하도록 했다. 영국에서는 생후 6개월 이하의 개, 고양이 펫숍 판매를 금지하고 있다.

반면 한국의 펫숍 산업은 지난 5년간 급격히 성장했다. 농림축산검역본부의 동물보호관리시스템에 등록된 동물판매업체는 2019년 현재 4,405곳이다(동물을 판매하는 동물병원, 전자상거래 중개업자 포함). 2014년 2,706곳과 비교하면 62.7퍼센트나 증가했다.

농림축산식품부 관계자는 "2018년 3월부터 동물판매업에 인터넷 중개업체들이 포함돼 등록 업체가 늘어난 측면이 있다. 등록 업체 가운데 폐업한 경우도 통계에 포함되어 있어 실제로는 더 적은 숫자가 영업 중일 것"이라고 말했다.

농촌경제연구원은 2017년 한 해 새 가정을 만난 반려견의 수를 약 148만 마리로 추정했다. 이 가운데 돈을 주고 개를 입양한 경우는 약 78만 건이었고, 마리당 평균 지불 비용은 25만 9천 원이었다. 반려견 절반 정도가 돈으로 거래된 셈이다.

태어난 지 40~50일 만에 어미와 헤어져 험난한 경매를 통과해 펫숍에 왔어도 강아지들의 미래는 불투명하다.

반려견이 되려면 먼저 반려인을 만나야 한다. 과연 미래의 반려인이 요구하는 '눈높이'를 강아지들은 무사히 맞출 수 있을까. 그렇지 못하면 개들은 다시 버려질 것이다.

반려동물이 애완동물이라는 이름을 벗고 사람들의 가족이 된 지 10년이 넘었지만(2007년 동물보호법 개정 이후) 개들의 입장에서 그들의 삶이 그때보다 더 나아졌는지 우리로서는 알 수가 없다.

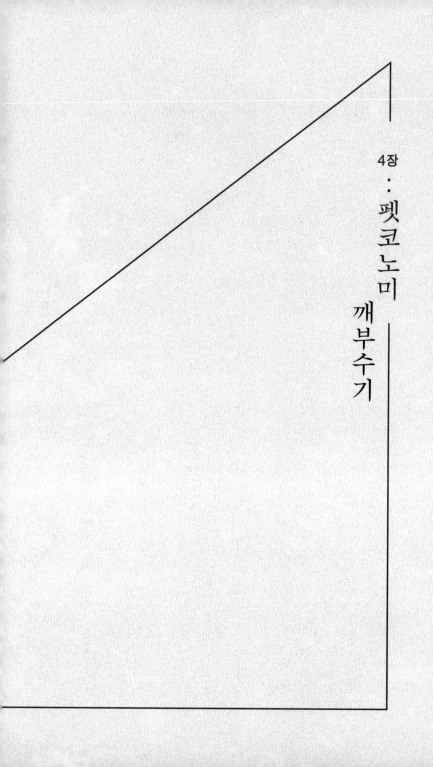

4장
:: 펫코노미
깨부수기

사고, 팔고, 버리는
펫코노미

2013년 3월, 영국 웨일스의 강아지 번식장에서 중형견인 카발리에 킹 찰스 스패니얼 종이 한 마리 구조되었다. 사람들은 그 개를 '루시'라고 불렀다.

구조 당시 루시는 6년간 반복된 출산으로 처참한 모습을 하고 있었다. 털은 군데군데 빠지고 척추는 휘어 있었다. 몸무게는 3.6킬로그램에 불과했다. 루시를 입양한 리사 가르너는 페이스북과 인스타그램(@lucytherescuecavalier)을 통해 루시의 상황과 공장식 개 번식장 문제의 심각성을 알렸다.

그제야 사람들은 뭔가 잘못되었다는 것을 깨달았다. 시민단체와 전문가들은 공장식 번식장, 그리고 번식장의 열악한 환경을 은폐하며 강아지를 판매하는 펫숍 때문에 루시 같은 개가 생겨났다고 지적했다.

우리나라의 동물권단체 동물해방물결 또한 "남이 번식시킨 동물을 데려다가 소비자에게 판매하는 펫숍의 존재는 열악한 번식장이 계속해서 그 환경을 대중으로부터 숨길 수 있도록 돕는다"고 설명한다.

영국 시민들은 강아지 번식장과 펫숍의 폐쇄를 위해 자신이 직접 번식시키지 않은 동물의 판매를 금지하도록 요구했다. 2018년 2월, 영국 정부의 국민 의견 수렴 조사에서 이 같은 법 개정에 찬성하는 국민은 96.5퍼센트였다.

그로부터 6개월 뒤인 2018년 8월 영국 정부는 6개월령 이하의 강아지·고양이를 제3자(펫숍)가 판매하는 행위를 원천 금지하는 법안을 발표했다.

사람들은 이를 '루시 법'이라 부른다. 이 법으로 인해 이제 영국에서는 모든 강아지·고양이가 ▲이상적인 환경에서 태어나 ▲생후 6개월까지 어미와 함께 지내며 ▲반드시 출생한 곳에서만 분양, 판매되어야 한다.

출생한 곳에서 분양, 판매하도록 한 조항은 강아지가 나고 자라는 환경을 브리더가 개선하게 하는 효과가 있다. 루시

법을 만약 한국에 적용한다면 우리가 취재를 하면서 만난, 끝까지 번식장을 보여주지 않았던 농장주들은 자연스레 도태될 것이다.

법 시행은 2020년 4월부터지만 2018년 영국의 유기동물 수는 급감했다. 영국 최대 반려견 보호단체인 '도그스 트러스트'의 조사 자료를 보면, 2018년에 영국에서 발생한 유기견은 5만 6천여 마리였다. 21년 만에 가장 낮은 수준이고, 2017년보다 15퍼센트 줄어들었다.◆

2018년 영국의 반려견 수는 890만 마리였다. 한국의 반려견 660만 마리보다 많다. 유기견의 수는 정반대다. 영국의 유기견이 5만 6천여 마리인데 비해, 한국에서 발생한 유기견은 9만 1천여 마리였다. 번식장-경매장-펫숍의 산업 구조에 대한 문제 인식이 두 나라의 차이를 만든 것이다.

한국에서도 열악한 번식농장의 실태가 폭로된 적이 있다. 2016년 동물자유연대가 폭로한 강아지 공장의 참혹한 모습은 이듬해 동물보호법 개정을 촉발시켰다. 개정안에는 동물학대 처벌 강화 등 여러 내용이 담겼지만, 핵심은 번식업 규제에 있었다.

개정안에서 동물생산업은 기존의 신고제에서 허가제로 전

◆ ⟨Stray Dogs Survey 2018⟩, Dogs Trust, 2018.

환되었다. 업장의 인력 기준과 시설 기준도 강화했다. 관리 인력 1명당 사육 가능한 마릿수는 100마리에서 75마리로 줄었고, 열악한 사육 환경으로 손꼽히던 뜬장의 신규 설치도 금지되었다.

이처럼 동물보호단체, 수의사회 등 24개 단체가 4차례 회의를 거쳐 정리한 내용은 당시 한정애 더불어민주당 의원 발의안에 담겼다. 하지만 동물보호단체들이 주장한 몇몇 핵심 내용은 반영되지 못했다.

최종 법안에 담기지 못한 주요 내용은 ▲부모견과 자견 모두 전자적 개체 등록 ▲관리 인원 1인당 동물 30마리로 제한 ▲영업장당 동물 총 수 100마리로 제한 ▲마리당 출산 횟수 연 1회 내로 제한 등이다.

번식장과 펫숍 단계부터 성견과 강아지를 모두 전산 시스템에 등록하여 투명하게 관리하되, 기를 수 있는 개체를 제한하여 산업적 확대를 막고, 무리한 출산으로 인한 동물권 학대도 방지하자는 구상이 두루 반영된 내용이다.

이런 조항이 법안에 담기지 못한 데는 이유가 있다. 법 개정을 앞두고 2016년 6월부터 농림축산식품부가 10여 차례에 걸쳐 주최한 간담회에서는 매번 치열한 논쟁이 오갔다. 간담회에는 동물보호단체, 생산자단체, 전문가 등이 참석했다.

영국 웨일스의 강아지 번식장에서 구조된 개 루시로 인해 6개월령 이하의 강아지·고양이 펫숍 판매 금지 법안이 하루 빨리 시행되어야 한다는 캠페인이 많은 사람들의 지지를 받게 되었다. ⓒinstagram.com/lucytherescuecavalier, facebook.com/lucytherescuecavalier

동물권단체 카라의 전진경 이사는 "생산판매업자들과 동물보호단체들 의견이 너무 다르니 매일 싸우는 게 일이었다. 번식업을 하는 50~60대 종사자들이 찾아와 고함을 쳐서 회의가 진행이 안 되는 날도 있었다"고 당시 분위기를 전했다.

동물보호단체 행복한 강아지들이 사는 집 박운선 대표는 "당시 국회 농림축산식품해양위원회 의원들과도 함께 간담회를 열어 '한정애 의원 법안'을 검토했으나, 농림축산식품부는 생산업 (폐지가 아닌) 허가제 외에는 받아들일 수 없다는 입장이었다. 동물 생산판매 관련 협회의 무수한 압력이 있었던 것으로 안다"고 말했다.

이에 대해 농림축산식품부 관계자는 "당시 논의 자리에 없었기 때문에 정확히 말씀드리긴 어렵다"면서 "당시 (동물) 생산업자들이 동물보호단체의 제안을 현실적으로 못 따라갈 상황이었을 것"이라고 설명했다. 그러다 결국 현재 형태의 절충안이 나왔다.

영국이 '관련 산업 허가의 강화'가 아니라 '판매 및 거래의 원천 금지'를 결정한 것과 비교하면 한국 정부는 제도 안에서 산업을 '효율적'으로 관리하는 방식을 택한 것이다.

박운선 대표는 해당 개정안이 한국 반려동물의 현재 복지 수준을 대변한다고 지적한다. 박 대표는 "많은 논의가 있었지만 결국 받아들여진 것은 일부에 불과하다. 새로 허가를 받는 사람만 뜬장 설치가 불가할 뿐, 이전에 허가를 받은 농장들은 계속 교체해서 쓸 수 있다. 한국에서 반려동물 산업이 사라지기 전까지 번식농장의 개들은 영원히 철장 안에서 고통받을 것"이라고 말했다.

최근까지도 동물보호단체들은 생산 농장에서부터 유통 경로를 전산화하여 부견과 모견이 어떠한 개인지, 어디서 태어나 어느 경로를 거쳐 판매에 이르게 되었는지 등을 기록하는 '반려동물생산이력제'를 도입해야 한다고 주장해왔다. 번식장에서부터 '출생 신고'를 한 강아지만 판매가 가능하도록 만들라는 것이다.

농림축산식품부는 2020년 1월 〈2020~2024년 동물복지 종합계획〉을 발표하며 반려동물 생산과 유통, 반려동물 이력 관리를 강화하는 개선안을 내놓았다. 2020년부터 반려동물 판매업자는 등록 대상 동물 판매 시 소유자 명의로 동물 등록을 신청한 뒤 판매해야 한다.

판매 때부터 동물의 유기·유실을 예방하겠다는 의도다. 그러나 동물보호단체가 주장하는 '이력제'와는 조금 다르다. 반려동물 등록을 확대해 반려인의 유기는 막을 수 있겠지만 반려동물 판매업자가 어느 농장에서 동물을 데려오는지 반려인으로서는 여전히 알 수 없다.

이런 시스템 아래서 반려동물 산업이 생산과 유통을 멈추지 않는 가운데 2018년 버려지거나 길을 잃은 개와 고양이 등 유기·유실 동물의 수는 12만 마리를 넘어섰다. 이 가운데 44퍼센트는 새 보호자를 만나지 못하고 안락사당하거나 자연사했다.

2018년 유기동물 관리에 쓴 비용도 200억 원이 넘는다. 2015년의 97억 원과 비교하면 4년 동안 무려 100억 원 이상 증가했다. 이는 정부 비용만을 추산한 것이다. 사설 보호시설이나 동물보호단체의 보호소까지 포함하면 비용은 더 늘어난다.

현행 제도상 버려진 동물에 대한 보호 책임은 해당 지자체 (시, 군)에 있다. 구조된 유기동물은 각 지자체가 직접 관리하거나, 지자체가 민간에 위탁한 전국 298곳의 동물보호센터로 보내진다. 이곳에서 새로운 주인을 찾아 입양되지 못하면, 보호소는 의무 보호 기간인 10일 뒤에 동물을 안락사할 수 있다. 2018년 전국 지자체 보호소에서 개들은 평균 30일 동안 머물렀다. 안락사된 개는 모두 2만 2,635마리였다.

구조하고, 병을 치료하고, 보살피고, 끝내 재입양되지 못한 동물을 안락사하느라 막대한 비용이 들어간다. 연간 수백억

원의 비용은 세금으로 충당된다. 다시 말해 유기동물 문제는 관련 산업이나 동물보호단체에 국한된 문제가 아니라, 국민 모두의 문제다.

그런데 우리가 취재하며 가장 의아했던 지점은 유기동물 문제에 대한 정부의 인식이었다. 취재 과정에서 만난 농림축산식품부 관계자는 유기견 문제를 해결하려면 반려인의 인식 개선이 먼저 이뤄져야 한다고 주장했다.

동물보호정책팀 관계자는 "동물을 쉽게 사고파는 구조의 문제점은 충분히 공감된다. 하지만 불법 번식장에서 많이 생산되기 때문에 많이 버려진다고 생각하는 것은 맞지 않다. 유기·유실은 어디까지나 소유자의 인식 문제"라고 말했다.

동물복지 선진국은 버려지는 동물 문제를 어떻게 해결할까. 반려견 행동 전문가 강형욱 보듬컴퍼니 대표의 책《당신은 개를 키우면 안 된다》에 반려 산업과 유기견의 상관관계에 관한 이야기가 나온다.

유기견 입양 시스템이 잘 갖춰져 있고, 전문 브리더를 통해 까다로운 절차를 밟아야만 반려견을 분양받을 수 있는 노르웨이에는 유기견이 한 마리도 없다면서, 노르웨이에서 만난 이의 말을 전한다. "유기견이 많은 나라의 특징은 개 번식장이 있다는 거야."

이 때문에 동물권단체 동물해방물결은 〈반려동물 판매 금지-해외 사례와 대안적 방향〉 보고서에서 공급자에 대한 획기적 규제를 주장한다. 보고서는 "(동물을 버리거나 학대하는) 소유자에 대한 처벌만으로는 이미 과포화 상태에 이른 동물 생산-판매-유기의 사이클을 해결하기 어려울 것"이라고 지적한다.

이처럼 동물권과 관련한 일을 하는 당국의 행정가와 동물권 옹호자 사이에는 시각과 의견의 차이가 있었다. 그리고 그 머나먼 마음의 거리가 사고, 팔고, 버리는 악순환의 고리를 빨리 끊어내지 못하게 하는 늪과 같다는 생각이 들었다.

20번 농장 1번 치와와를
대신할 이름

경매장을 취재하던 2019년 6월 27일, 우리는 처음이자 마지막으로 강아지 한 마리를 낙찰받았다.

경매에 아예 참여하지 않으면 잠입 취재 중인 것을 들킬까봐 종종 입찰 버튼을 누르던 터였다. 그렇지만 단 한번도 낙찰된 적은 없었다. 몇 차례 경매장 출입을 하다 보니 인기가 많을 것 같은 개체를 가늠할 수 있었다. 사람들이 우르르 가격 경쟁을 시작할 때 우리도 입찰에 슬쩍 동참하곤 했다.

대전 코리아경매장의 경매사가 치와와 한 마리를 치켜들고 "30만 원!"이라고 외쳤다. 몇몇은 버튼을 누를 법한 외모의 강아지였다. 우리는 의자에 붙은 경매 버튼을 무심코 눌렀다. 경매사가 우리 쪽을 쳐다봤다. 얼마 지나지 않아 배 양쪽에 숫자 20과 1이 쓰여진, '20번 농장의 1번' 검정 치와와가 종이 상자에 담긴 채 우리에게 왔다.

작은 강아지는 두 손에 쏙 들어올 정도로 작고 따뜻했다. 코리아경매장을 취재하던 때, 경매장을 몇 차례 드나들며 우리는 그 아비규환의 현장에 제법 무뎌지고 있었다.

그렇게 손에 들어온 강아지는 우리를 당황케했다. 막상 안고 보니 그 따뜻한 감각에 가슴이 철렁 내려앉았다. 조명 아래서 인형처럼 한 손에 쥐어져 전시되던 강아지는 심장이 뛰고 꼬리를 흔들 줄 아는 살아 있는 개였던 것이다.

찰나의 순간 마음이 흔들리고 복잡한 생각이 스쳤다. 이 강아지를 구조해야 할까. 하지만 데려간다 해도 누가 어디서 키울지 막막했다. 우리는 개를 낙찰받을 계획은 전혀 없었으므로, 행여 이런 일이 벌어졌을 때에 대한 대비를 해두지 않았다. 구조를 하게 된다면 어떻게 데리고 있다가 어떤 방식으로 입양을 보낼지 구체적인 계획이 없는 상태에서 무작정 개를 구조할 수는 없었다. 보고 기록하는 존재로서 취재 도중 현장에 지나치게 개입하는 건 아닌가 혼란스럽기도 했다.

그 와중에 강아지는 상자 바닥을 긁으며 낑낑거리기 시작했다. 내려다보니 종이 틈새에 낀 사료 몇 알을 꺼내려고 애를 쓰고 있었다. 일단 밥을 먹였다. 강아지는 배가 고팠는지 불린 사료를 허겁지겁 먹었다.

농장주들은 혹여나 반품을 당할까 싶어 경매장에 개를 내놓을 때에는 반드시 조금만 먹인다. 과식해서 설사를 하면 변이 나쁘다는 이유로 반품되고, 배가 불러 사료를 먹지 않으면 식욕이 없다는 이유로 반품될 것이기 때문이다.

잘 먹는 모습에 사료를 고봉처럼 쌓아주고 싶었지만 혹여 탈이라도 날까 싶어 멈추고 강아지의 여린 배와 등을 도닥였다. 강아지는 어쩔 줄 몰라 하며 상자 안을 헤집고 다녔다.

우리는 강아지를 돌려보내기로 했다. 다른 펫숍업자가 그러듯 머리에 있는 손톱만 한 크기의 천문을 핑계로 댔다. 강아지를 받아간 보조 경매사는 "어린 치와와는 대체로 이런데"라며 고개를 갸웃하고는 강아지를 데리고 갔다.

자기가 어떤 상황에 처해 있는지 아무것도 모른 채 씩씩하게 먹성을 뽐내던 그 강아지는 어디서든 잘 살 것이라는 위선적인 자기 위안을 해봤지만 그 개는 내내 머릿속을 떠나지 않았다. 비슷하게 생긴 강아지를 볼 때마다, 그리고 그동안 쓴 기사를 정리하며 경매장을 떠올릴 때마다 문득 '20번 농장의 1번 치와와'는 마음의 짐처럼 남았다.

현장을 보도하며 그 강아지를 낙찰받고 결국 돌려보낸 순간에 대해 기사에도 짧게 서술했는데, 행간에서 우리의 마음이 읽혔는지 한 독자에게서 메일이 왔다.

독자는 우리에게 "생명이 생명체의 취급을 받지 못하고 상품처럼 거래되는 상황을 누구보다 실감했을 것"이라며 "아무리 계획에 없던 일이었을지라도 손에 얹힌 강아지를 다시 돌려보낸 것은 경매장에서 죄책감 없이 경매에 참여하는 사람들과 별반 다를 게 없지 않느냐"고 말했다. 덧붙여 "상황을 바꾸겠다는 큰 사명감까지는 아니더라도, 마주한 작은 생명을 어떻게든 책임지려는 노력은 필요했다고 생각한다"고도 전했다.

구구절절 맞는 말이라 어떻게 회신을 해야할지 여러 번 썼다 지웠다를 반복한 글이 여전히 부치지 못한 편지로 남아 있다.

동그랗고 검은 눈, 반지르르하게 윤기가 흐르던 몸, 짧고 뾰족한 꼬리를 가진 그 강아지는 지금 어디에 있을까. 얼마나 자랐을까. 다른 경매장에서 누군가에게 낙찰됐을까. 펫숍을 거쳐 가족을 만났을까. 이제는 번호가 아닌 이름을 얻었을까. 끝까지 팔리지 않아서 농장으로 다시 돌아가 종견으로 길러지는 건 아닐까.

생명이 물건처럼 반품되는, 이 악순환의 고리를 끊으려면 어떻게 해야할까. 우리는 20번 농장 1번 치와와의 사례가 더 이상 반복되지 않도록 하기 위해 무엇이 필요할지, 답을 찾고 싶었다.

번식장-경매장-펫숍 경로를 통하지 않고 반려동물을 키울 수 있는 여러 방법이 있다. 동물보호단체가 권하는 방법은 유기동물을 입양하는 것이다. 2018년 구조된 유기동물 가운데 새 가정을 만나 분양된 비율은 27.6퍼센트다. 2015년에 32퍼센트였던 입양률은 2016년 30.4퍼센트, 2017년 30.1퍼센트로 매해 줄어들고 있다.

유기동물을 분양받는 방법도 다양하다. 농림축산검역본부 동물보호관리시스템에서 각 지자체가 운영하는 직영·위탁 보호소의 유기동물들을 바로 확인할 수 있다.

사설 보호소나 개인 활동가가 구조한 유기동물까지 확인하고 싶다면 국내 최대 유기동물 입양 플랫폼 '포 인 핸드'를 살펴봐도 된다. 포 인 핸드는 유기동물의 입양 공고나 임시보호 요청 정보를 실시간으로 제공한다.

카라나 동물자유연대 등 동물보호단체가 운영하는 입양센터를 통해도 된다. 이들 단체는 직접 구조한 동물들을 보호하며 꾸준히 입양을 홍보하고 있다. 특정 견종을 주로 구조

농림축산검역본부 동물보호관리시스템	animal.go.kr
유기동물 입양 플랫폼 포인핸드	pawinhand.kr
서울시 강동구 리본센터	reborncenter.org
서울시 서초구 서초동물사랑센터	seocho.go.kr/site/animal/main.do
동물자유연대 반려동물복지센터	animals.or.kr
동물권행동 카라 아름품	ekara.org
한국웰시구조협회 허그코기	hugcorgi.com
팅커벨 입양센터	cafe.daum.net/T-PJT
유기동물의 엄마 아빠	instagram.com/youumbba_adopt
비글구조네트워크(비구협)	instagram.com/beaglerescuenetwork

▌유기견을 입양할 수 있는 곳

하고 입양 정보를 제공하는 동물보호단체도 있다.

이를테면 '비글구조네트워크'는 대표적인 실험동물인 비
글을 구조하고 입양한다. 실험동물의 현실을 알리고 구조하
기 위해 설립된 단체이지만 실험 비글뿐 아니라 유기된 비글
도 함께 보호한다. '허그코기(웰시코기 종 구조 및 입양 지원)',
'웰컴독코리아(진돗개, 진도 믹스견 해외 입양 지원)' 등의 단체
도 특정 견종을 주로 구조하고 입양을 중개한다.

동물권 활동가들은 보호센터를 통한 입양이 '두 생명'을 살리는 일이라고 말한다. 기존 보호소에 있던 개 한 마리가 가정으로 입양을 가면 그 자리에 새로운 유기동물을 보호할 여력이 생기기 때문이다.

우리나라의 반려 산업 전반을 살펴본 이번 기획 기사 연재를 마친 뒤 얼마 지나지 않아 우리는 사설 동물 보호소의 현실을 내밀히 살펴볼 기회를 얻었다. 경기도 포천시에 있던 국내 최대 규모 사설 동물 보호소 '애린원'의 사례였다. 애린원은 2019년 9월에 철거되었다. 철거 당시 주체할 수 없이 늘어난 유기견 개체수와 열악한 시설로 크게 논란이 되었다.

애린원이 당시 보호 중이던 동물은 1천여 마리가 넘었다. 보호 중이라고는 하나 거의 방치된 상태였다. 보호소가 포화 상태에 이르다 보니 개들의 생활환경 수준은 형편없었다. 개들은 서로 싸우다 죽고, 병들어 죽어갔다.

열악한 애린원의 실정은 동물권 운동가들 사이에서는 더 이상 뉴스거리도 되지 못했다. 2016년부터 애린원 문제 해결을 위해 결성된 동물보호단체 '생명존중사랑실천협의회(현재 비글구조네트워크로 통합)'는 애린원의 전 원장과 기나긴 법적 다툼 끝에 개들을 긴급 구조할 수 있었다.

애린원에서 구조된 개들은 현재 비글구조네트워크의 포천

쉼터에 살고 있다. 철거된 애린원 부지 위에 마련된 포천 쉼터는 개들의 임시 거처가 되고 있다. 애초에 애린원이 동물보호소를 세울 수 없는 불법 부지를 점거하고 있었기 때문이다. 애린원의 개들은 2021년까지 비글구조네트워크가 충북 보은에 마련한 새 보호소로 이주할 계획이다.

어쩌다 보호 중인 개가 1천여 마리까지 늘어나게 된 걸까. 개체수가 늘어난 이유는 관리 소홀, 중성화 수술 미비, 유기 등 복합적이겠지만 해결책은 하나다. 바로 개들이 새로운 가족을 만나는 것. 개들을 구조한 비글구조네트워크는 적극적으로 입양 홍보에 나섰다. 애린원에서 구조한 개들의 입양만을 홍보하는 SNS 계정을 따로 만들고 입양을 위한 가정 임시보호를 꾸준히 추진했다. 그 결과 5개월 만에 400여 마리의 개가 새 가족을 만났다(2020년 2월 말 기준). 1,040마리의 애린원 구조 동물과 추가로 태어난 새 생명들, 보호소를 탈출했거나 주변을 맴돌던 개들까지 모두 1,600여 마리가 넘던 보호소의 개들 가운데 25퍼센트가 입양된 셈이다.

그러나 여전히 900여 마리의 개가 포천 쉼터에 남아 있고 상황이 막막한 것이 사실이다. 하지만 사람도, 시간도, 물자도 부족한 이곳의 활동가들이 가장 절실히 바라는 것은 다름 아닌 관심과 입양이다.

"불같은 관심이 아니라 미지근하더라도 꾸준히 아이들에게 관심을 가져주셨으면 좋겠어요. 애린원이 해체를 했고 아이들이 어느 정도 환경이 갖춰진 견사에 들어갔으니까 구조가 끝났다고 생각하시는데 그렇지 않거든요. 아무리 좋은 보호소라도 집 같을 순 없잖아요. 입양도 해주시고 이곳에 아직 아이들이 살고 있다는 걸 오래오래 기억해주셨으면 좋겠어요."

현재 전국 각지에 산재한 사설 보호소 80~150여 곳에서 유기동물들이 새 가족을 애타게 기다리고 있다. 사지 말고, 팔지 않고, 유기동물을 입양해야 할 이유다.

그럼에도 여전히 어린 품종견을 키우고 싶다면 윤리적인 켄넬(전문 견사)을 운영하는 브리더를 통해 개를 분양받는 방법이 있다. 2016년 강아지 공장 문제 해결을 위해 전국 200여 곳의 번식장을 직접 찾았던 프로젝트 팀 '굿보이토토'의 권혁호 수의사는 "사실 법보다 의미 있는 시도가 윤리적인 의식을 바탕으로 한 신중한 강아지 입양"이라고 말했다.

굿보이토토는 당시 프로젝트를 통해 바람직한 반려 문화 지식을 담은 소책자《올바른 반려견 문화를 위한 최소한의 지식서》를 발간하고 인도적 기준에 부합하는 켄넬을 운영하는 브리더 8명을 소개했다. 이 인도적 기준은 미국 연방법과 영국 동물보호법이 정하는 브리딩 시설과 브리더 기준을 바탕으로 만들어졌다.

2019년 8월 13일, 우리는 권 수의사가 꼽은 윤리적 켄넬 중 한 곳인 경기도 포천의 제이드 스타를 찾았다. 제이드 스타 켄넬은 셰틀랜드양몰이개를 전문으로 하는 견사로, 현재 스물두 마리의 개들이 살고 있다. 약 200평 규모의 부지에 단층 주택 한 채와 반려견 운동장이 잘 구획되어 있었다.

대문을 밀고 들어가자 고소한 강아지 체취가 풍겨왔다. 야외 텐트에서 작업을 하던 홍은랑 브리더가 우리를 맞았다. 개가 한 마리도 보이지 않아 의아해 하던 찰나, 집안에서 대여섯 마리의 셰틀랜드양몰이개가 우르르 몰려 나왔다.

개들은 마치 어린아이가 집에 온 손님을 맞듯 한 마리씩 다가와 반갑게 인사를 했다. 낯선 사람의 방문에도 짖기는커녕 손을 내밀자 적극적으로 냄새를 맡고, 두 발로 뛰어오르며 즐거워했다. 더위를 피해 실내에 있다 나온 터라 더 신이 난 것 같았다.

이곳에는 여러 동물이 함께 살고 있었다. 셰틀랜드양몰이개들 사이로 크림색 래브라도레트리버가 눈에 띄었다. 유기견이었던 아이라고 했다. 집 안에는 반려묘와 반려견 닥스훈트가, 창가에는 하얀색 앵무새가 앉아 있었다.

홍 브리더에게 어떻게 이 일을 하게 되었느냐고 물었다. "동물이 좋아서, 셸티(셰틀랜드양몰이개)가 너무 좋아서요." 2002년 그는 콜리 종에 푹 빠져 있었다. 콜리를 입양하고 싶었지만 당시 국내에는 콜리 전문 브리더가 없었다.

그래서 개를 찾아 일본까지 갔다. 그곳에서 콜리와 비슷하지만 크기는 작은 셸티를 알게 되었다. "운 좋게 일본의 유명한 셸티 전문 브리더에게 세 마리를 입양받으면서" 그는 이 세계를 알게 되었다고 한다. 취미로 도그쇼에 참가하다가 결국 17년째 브리더 일을 하게 되었다.

현재 반려견 산업에 대해 조심스레 말을 꺼낸 홍 브리더는 자신이 경매장-펫숍을 통해 강아지를 분양하지 않는 이유를 들려주었다. "제 모토가 '요람에서 무덤까지'거든요. 제 손으로 탯줄 자른 애들은 무지개 다리 건널 때까지 돌보는 게 의무라고 생각해요. 정성 들여 키운 아이들이 저도 모르는 불특정 다수에게 팔려나가는 건 끔찍해요."

물론 그도 강아지를 번식하고, 분양을 보낸다. 하지만 그가 1년에 생산하는 강아지는 겨우 서너 마리 수준이다. 견사의 스물두 마리 개들 가운데 열여덟 마리가 종·모견이고, 단 서너 마리만이 강아지였다. 그는 늘 개들의 개체수를 스무 마리가 넘지 않게 관리한다고 했다.

"전문 브리더는 절대 많은 개체수를 데리고 있지 않아요. 관리할 수 있는 개체수만 데리고 있어야 환경, 먹거리 등을 일정 수준으로 유지할 수 있어요. 병원비가 정말 많이 들거든요. 각종 검사와 접종을 진행해야 하는데, 마릿수가 많다는 건 그런 것들이 관리가 안 되고 있다는 뜻일 수 있어요."

홍 브리더는 강아지가 3개월이 되면 새 보금자리로 보낸다. 그는 같은 종이라도 성격은 제각각이라고 했다. 강아지가 태어나 7~8주까지는 "습자지처럼 모든 것을 쭉쭉 빨아들이는 때"라서 반드시 부모견, 형제견들과 함께 생활하도록 해서 사회화를 시킨다.

그는 이렇게 말했다. "이 시기에는 형제들과의 관계뿐 아니라 사람과 맺는 관계도 처음 형성되기 때문에 제가 실내에서 데리고 있는 시간을 늘려요. 일부러 의도하고 교육하진 않지만, 충분히 사람과 생활을 해보고 (입양) 가는 애들은 성격이 확실히 많이 다르거든요."

이렇게 그가 보낸 강아지를 분양받은 가족들은 두 달에 한 번씩 모임을 갖는다. 180여 명이 모인 이 커뮤니티를 홍 브리더는 '패밀리'라 불렀다. 이 모임 때마다 50~60마리의 셸티가 다시 그의 집을 찾는다.

그는 반려인들도 1년에 한두 번씩은 꼭 다시 켄넬을 찾도록 권한다고 한다. "반려인들도 개를 키우면서 어려움이 있을 거고, 저도 아이들이 잘 지내는지 보고 싶기 때문"이란다. 그는 켄넬을 개들의 '고향'이라고 말했다. "여기 오면 엄마 아빠뿐 아니라 할머니 할아버지도 만날 수 있으니까요."

그의 목표는 '파양을 줄이는 것'이라고 했다. "아예 0퍼센트는 안 되더라고요." 충분한 상담을 거쳐 분양을 하지만 어쩔 수 없는 상황으로 반려인이 키우기 힘들어지면 다시 켄넬로 돌아오는 아이들도 있다. 그는 반려인들에게 하고 싶은 말이 너무 많다고 했다.

"저는 항상 개의 단점부터 말씀드려요. 품종견은 사람에 의해 인위적으로 번식된 아이들이다 보니 견종별 유전적 문제, 그 견종만의 특이한 성격이 있어요. 내 성향과 해당 견종이 맞는지 잘 파악하셔야 해요. 그리고 꼭 여러 브리더를 만나 보세요. 집에 앉아서 조사만 하고 개를 입양하는 건 연애를 책으로 공부하는 것과 같은 거예요."

그가 제시한 좋은 브리더의 기준은 다음과 같았다. ▲노령견을 관리하고 있는가 ▲8주 이상 적당한 시기에 분양하는가 ▲적당한 개체수를 관리하고 있는가 ▲한 견종당 브리딩 경력이 최소 8년이 되는가 등이다. 이 기준은 프로젝트 팀 굿보이토토가 정리한 윤리적 켄넬 체크 리스트에도 부합한다.

항 목	내 용
개 별 공 간	견종 사이즈에 따른 알맞은 개별 켄넬 크기 및 형태인가
위 생	매일 청소를 하고 주기적으로 소독을 하며 각 개체가 그루밍에 신경 쓰는가
분 양 시 기	최소 8주 이후에 분양을 보내는가
사회화 여부	충분한 사회화 과정을 거치게 하는가
운 동	적절하고 다양한 소재의 바닥 환경에서 충분한 야외 산책과 운동을 시켜주는가
주 거 환 경	적정 온도, 습도, 환기, 채광을 신경 쓰고 있는가
예 방 접 종	분양 전 적어도 1차 혹은 2차 이상의 백신을 접종하는가
분 리 조 치	성별, 나이별, 성격과 기질 등에 따른 개체 분리 조치가 적절하게 실시되고 있는가
응 급 상 황 대 처 능 력	비상 시 대책 매뉴얼과 수의사와의 연락망, 혹은 교통수단이 준비되어 있는가
전 문 지 식 에 의 한 관 리	유전적 검사나 건강에 관해 개별적 특이 사항들이 관리되고 있는가

┃ 굿보이토토 제공/ 윤리적 켄넬 체크 리스트

　물론 반려견을 분양받는 가장 좋은 방법은 유기견 입양이다. 품종견이라고 해서 버려지지 않는 것은 아니며, 1년 미만의 어린 개체도 많다. 앞서 소개했듯 특정 품종견을 주로 구조하고 이들 종의 특성에 따라 새 가족을 찾아주는 단체들이 여럿 있다.

사실 가장 바람직한 방향은 어린 품종견을 선호하는 문화 자체가 사라지는 것이다. 그러나 지금 당장 그 흐름이 바뀔 가능성은 낮다. 반려견을 10년 이상 함께할 생명이라고 생각한다면 개의 외양이나 혈통이 최우선 조건이 되어서는 안 된다. 나와 내 가족이 개와 함께 생활하기에 적합한지, 그 개를 내가 끝까지 책임질 수 있는지 여부가 가장 먼저 고려되어야 한다.

생활 방식에 따라 특정 품종견이 맞을 수도 있고 그렇지 않을 수도 있다. 성견을 키울 것인가 강아지를 키울 것인가의 문제도 마찬가지다. 예컨대 하루의 대부분을 집밖에서 보내는 직장인은 새끼 강아지를 돌볼 여력이 없을 가능성이 크다. 노령 반려인의 경우 활동량이 많은 개의 산책량을 충족시켜주지 못할 가능성도 고려해야 한다. 반려인이 개들의 요구를 제대로 충족시키지 못했을 때 반려견은 문제견이 된다.

인터뷰를 마치자 견사에서 쉬던 개들이 운동장으로 쏟아져나왔다. 갑자기 마당이 개들의 에너지로 가득 찼다. 성견뿐 아니라 어린 강아지가 함께 어울려 운동장을 자유롭게 누비는 모습은 아름다웠다.

개들은 북실북실한 털을 휘날리며 다가와 눈을 맞추고, 앞발을 서슴없이 턱턱 올리며 알은체를 해 왔다. 이날 개들에게 받은 환대는 묘하게 감동스러웠다. 번식장-경매장-펫숍에서 보았던 개들에게서는 느낄 수 없던 생동감이 생경할 정도였다. 강아지들은 당연히 짖고, 꼬리 치고, 살아 숨 쉬는 생명이었지만 그곳에서 강아지들은 그저 시장의 논리에 따라 가격이 매겨진 상품이었기 때문이다.

당장
사지 않는 것부터

독일 동물보호법 1조는 '동물과 인간은 이 세상의 동등한 창조물'이라고 밝히고 있다. 그러나 취재 과정에서 우리가 만난 대부분의 개에게 그것은 다른 세상 또는 먼 미래의 일이었다. 그들에겐 이름조차 없었다. 경매장의 강아지들, 번식장의 종·모견, 보호소의 유기견들은 아직 이름을 얻지 못했거나, 버림받는 과정에서 잃어버렸거나, 영원히 이름을 갖지 못할 운명에 처해 있었다.

취재 이후 이런 이름 없는 개들을 구출하기 위한 크고 작은 마음이 모였다. 우리는 기획 연재를 진행하는 동시에 텀블벅 펀딩 프로젝트를 열었다. 연재와 펀딩을 모두 마친 후, 이 프로젝트에 참여한 이들과 접촉해 한국 반려 산업의 실태를 다룬 이 보도가 어떻게 다가왔는지, 변화를 도모하는 방법은 무엇일지 직접 물었다.

온 마음이 이끌려 펀딩에 참여했다는 독자 ㄱ씨와의 인터뷰는 인상적이었다. 그는 우리의 펀딩 페이지 '사지 마 팔지 마 버리지 마: 반려 산업의 실체를 알려드립니다' 대문에 실린 치와와 사진을 보고 홀리듯 펀딩에 참여했다고 말했다.

사진 속 치와와는 경기도 여주의 산촌애견에서 만난 모견이다. 산촌애견 직원이 세 살 남짓이라고 밝힌 그 개는, 아마도 철장에서 태어나 지금껏 새끼를 배고 낳는 일만 하며 살아왔을 것이다. 생기도 활력도 없는, 어두운 동굴 같은 눈빛 때문에 우리의 마음에도 오래 남았던 개다.

"우리 '콩이'랑 너무 닮았거든요." ㄱ씨는 자신의 반려견 콩이와 그 개가 많이 닮았다고 했다. 콩이는 일곱 살로 추정되는 장모 치와와 수컷이다. ㄱ씨 지인의 반려견이었는데, 몇 달 맡아서 돌본 것이 인연이 되어 2019년부터 아예 ㄱ씨와 함께 살게 되었다. 진짜 가족이 된 지는 3개월 남짓이다.

산촌애견의 이름 없는 모견 치와와와 콩이는 무척 닮았지만 완전히 다른 삶을 산다. 콩이는 반려인들과 하루 두 번 산책을 하고, 함께 잠을 자고, 눈을 맞추며 일상을 보낸다.

"콩이랑 가만히 누워 눈을 마주하고 있으면 이유는 모르겠지만 눈물이 날 때가 있다"는 ㄱ씨는 "머리로만 생각했던 책임감을 몸으로 느낀다"고 말한다. 콩이와 교감하며 동물권에 대한 관심도 높아졌다. 동물원에 가지 않고, 육식을 줄이게 되었다.

ㄱ씨는 '사지 마 팔지 마 버리지 마' 연재 기획 기사를 읽으며 애견 경매장의 존재를 처음 알게 됐다고 했다. "동물이 어떤 과정을 통해 팔린다는 것은 알고 있었지만, 사진으로 영상으로 실태를 보니 참담한 기분이 들었다"고도 전했다. 그는 이런 구조를 깨기 위해 '사지 마'에 방점을 찍어야 한다고 말했다. "팔지 말라고 아무리 소리를 내도 당장 구조를 바꾸기 어려워 보였어요. (반려동물을) 사지 않는 행동으로 (동물권 보호의) '파이'를 넓혀가는 게 어떨까요?"

또 다른 독자 ㄴ씨는 우리가 펀딩 참여자들에게 보낸 설문에 긴 답변을 보내왔다. 19년을 함께 살다 2019년에 떠난 반려견 '또리'는 ㄴ씨에게 깊은 슬픔으로 고여 있다.

"제가 처음 키운 강아지는 2001년 펫숍에서 '(돈 주고) 산' 강아지였습니다. 2018년 겨울에 조금씩 아프기 시작한 또리는 2019년에 '강아지 별'로 돌아갔습니다. (또리를 보낸 후) 펫도 모르고 또리를 키웠던 지난 날이 부끄러웠고, 또리에게 미안한 마음이 들어 견딜 수 없었어요."

ㄴ씨는 아픈 또리가 회복하면 더 좋은 것을 해주겠다는 다짐, 그러지 못한 현실, 그럼에도 불구하고 또리가 주었던 무조건적인 사랑에 대해 말했다. 그는 "고마움과 미안함이 교차하는 가운데 또리에게 받은 사랑을 갚아야겠다는 생각"에 유기견 보호센터에 관심을 갖기 시작했고, 보호소 강아지 두 마리를 임시 보호하다 현재는 입양까지 하게 되었다.

일련의 과정을 겪은 그는 "우리가 동물과 함께 행복하기 위해서는 끊임없이 세상의 관심과 사랑, 존중을 받지 못하는 생명을 조명해야 한다"고 생각했다며 펀딩 참여 이유를 밝혔다.

독자들은 대개 ㄴ씨와 비슷한 심정을 털어놓았다. 그들에게 반려견은 그저 개 한 마리가 아니라, 누군가의 인식과 삶을 바꾼 존재였다.

독자 ㄷ씨는 2017년 울산 보호소에서 입양한 개 '나쵸'의 이름으로 펀딩에 참여했다. ㄷ씨는 나쵸가 '팔리고 버려진' 과정을 겪은 개였기에 이번 연재 기획에 더 공감하게 됐다고 말했다. "나쵸가 아니었다면 유기견 문제에 관심이 없었을 것"이라며 지금은 오히려 "나쵸가 '울산에서 나를 구하러 온 개'라고 생각한다는 것이다.

일러스트레이터인 ㄷ씨는 나쵸와 함께 살며 새로운 사업도 시작했다. 동물 일러스트 브랜드 '어디든 같이 가'는 '사지 말고 입양하세요'의 슬로건에 바탕을 두고 있다. 약자인 동물의 권리를 향한 존중이 결국은 우리 사회의 인권에 대한 의식, 소수자에 대한 존중으로 이어진다고 그는 생각한다.

〈한겨레〉애니멀피플 페이지의 필자로 활약 중인 '히끄 아부지' 이신아 씨와 웹툰 〈너와 추는 춤〉을 연재하는 '냇길이' 반려인 이연수 씨, 서민 교수, 객원 필자인 농부 마용운 씨 등도 응원을 보내왔다. 이연수 씨는 기사가 연재되는 도중 본인의 지면을 통해 제주에서 여전히 동네 골목을 누비는 '개장수' 트럭 문제를 지적하며 "이번 기획에 대한 오마주"라고 전해왔다.

이신아 씨는 SNS 계정을 통해 팔로워들의 펀딩 참여를 독려했다. 그는 "유기견 증가 등 문제가 벌어진 다음을 지적하는 게 아니라, 예방적 차원이 될 수 있는 이런 기사의 의미와 중요성에 깊이 공감했고, 더 많이 알려야겠다는 생각이 들었다"고 밝혔다.

서민 교수는 애니멀피플에 보내온 칼럼 '펫숍 불매운동을 시작하자'에서 "한국의 기형적 반려견 산업의 고리를 끊기

위해 우리가 할 수 있는 일은 펫숍 불매운동을 벌이는 것"이
라고 강조했다.

직장툰으로 유명한 '양치기 작가' 양경수 씨도 "18개월 된
사랑스런 동료견 '루피'와 함께 지내는데, (기사를) 보는 내내
여러 가지 감정이 들었다"며 지지를 전했다.

우리의 펀딩 프로젝트는 사회문제를 고발한 기사를 읽은
독자들이 어떻게 움직이는지 직접 확인해볼 수 있는 일종의
실험이었다.

이와 관련해 김팬저 텀블벅 프로젝트 전문가는 "기존에는
왜곡된 반려동물 문화나 유기견 문제에 대해 사람들이 '불
쌍하다'는 식의 관념적 생각만 갖고 있었다면, 이번에 제시
한 콘텐츠는 이게 어떤 구체적인 과정을 거쳐 발생하는 문제
인지, 여기에 사람들이 얼마나 관심을 갖고 있는지 측정해볼
수 있는 기회였다"고 평가했다.

우리의 문제의식에 공감한 독자들의 크고 작은 마음이 모
이는 과정이 감사하고 뿌듯했다. 펀딩은 일주일만에 100퍼센
트 목표를 달성하고, 후원자 538명의 지지로 목표액의 181퍼
센트를 채우며 마감되었다.

기사를 읽은 대다수 독자들이 생명을 쉽게 사고파는 구조
에 문제의식을 드러낸 것도 긍정적이었다. 독자들은 번식장-

경매장-펫숍으로 이어지는 낙후되고 견고한 구조에 균열을 내야 한다면서 응원을 보내왔다.

독자들은 더불어 "이런 기사가 나오는 게 (동물권 신장의) 시작이라고 생각한다", "유기견을 입양해 책임감 있게 키우는 일이 유행하길 바란다"는 의견도 보내왔다.

취재를 하며 만난 반려 산업 종사자들, 관련 공무원들에게 느꼈던 답답함이 해소되는 듯했다. 평범한 사람들의 이 같은 크고 작은 마음이 쌓여간다면, 생명 윤리 없이 오로지 시장 논리로만 단단하게 연결되어 있는 이 세계를 조금씩 무너뜨릴 수 있으리란 기대가 들었다.

잊지 못할
개들이 생겼다

"경매장에 판매업자만 들어갈 수 있는 거면, 직접 판매업 등록을 해보는 건 어때?"

2019년 봄, 장기 기획 취재를 준비하던 가운데, 업계에 접근하기 어려워 머리를 싸매고 있던 우리에게 박현철 당시 애니멀피플 팀장이 툭 던지듯 말했다.

그렇게 취재가 시작되었다. 그해 여름 수많은 개들을 봤다. 처음이었다. 아마 앞으로도 평생 동안 그렇게 많은 개들을 한꺼번에 만날 일은 없을 것이다.

눈앞에 나타났다 사라진 수천 마리 개 가운데, 특히 세 마리를 잊을 수 없다. 첫 번째는 경기도 여주에서 만난 엄마 치와와. 그 개의 텅 빈 눈빛을 생각하면 지금도 마음이 아리다.

그리고 한 손에 쏙 들어올 만큼 작았던 '20번 농장의 1번' 치와와. 처음 눈을 마주치던 순간, 그 강아지는 물건처럼 상자에 담겨 있었지만 가만히 들어올려 두 손에 품었을 때 전해지던 따뜻한 체온과 감촉은 지금도 바로 떠올릴 수 있을 만큼 선명하게 남아 있다.

마지막으로 경기도 김포의 농장에서 철장에 갇힌 채 남의 새끼를 기르던 엄마 치와와. 모성이 남다르다는 이유로 남의 새끼를 기르던 엄마 치와와의 체념한 듯한 태도도 마음에 고여 있다.

두 달여의 취재 일정 중 만난 수많은 품종의 개들 가운데 유독 치와와가 눈에 밟혔던 이유는 장모 치와와가 유행 견종인 탓일 수 있다. 그런데 좀 더 사적인 까닭도 있다.

나는 열 살 치와와와 함께 살고 있다. 품종견들은 찍어낸 듯 비슷한 얼굴을 하고 있고, 그 개들의 눈빛과 몸짓을 보니 자꾸만 나의 개가 떠올랐다. 번식장-경매장-펫숍으로 이어지는 아비규환은 나와 나의 개, 우리의 이야기이기도 했다.

부끄러운 고백이지만 나는 10년 전 충무로의 어느 펫숍에서 강아지를 '샀다'. 크리스마스가 다가오고 있었고, 나와 나의 반려인은 우리의 신혼집에 귀엽고 따뜻한 무엇이 있으면 좋겠다는 생각을 했다.

참으로 안일하고 무책임한 마음이었지만 그때는 몰랐다. 한 생명을 책임지는 일에 얼마나 세밀한 계산과 계획이 필요한지를. 우리는 그 개가 할아버지가 되어가는 지금에서야 겨우 깨닫고 있다.

2010년 겨울, 우리는 연말의 들뜬 분위기에 휩싸여 반짝이는 조명 아래 전시된 개들을 구경했다. 당시 개의 품종도 잘 몰랐던 나는 어쩐지 인형처럼 눈이 동그랗고 털이 보송보송한 강아지보다 새끼 쥐처럼 딱해 보이고 사람 손만 닿으면 바들바들 떠는 친구가 눈에 들어왔다. 그날 저녁, 우리는 마치 크리스마스 선물을 받듯 작은 종이 상자에 담긴 강아지를 품에 안았다.

'제리'라는 이름을 얻은 나의 개는 첫인상처럼 무척 소심했다. 사람과 눈 한번 맞추지 못할 정도로 겁이 많았고 산책하며 만나는 다른 개들과 교류하는 법을 몰랐다. 나중에 알게 됐지만 이런 성격은 제리가 번식장에서 태어나 사회화를 제대로 거치지 못하고 팔려나온 데서 비롯한 것이었다.

소심한 나의 작은 개는 우리와 함께 산 지 1년쯤 지났을 때 처음 쓰러졌다. 네 다리를 뻣뻣하게 뻗은 채, 초점 없는 눈으로 작은 몸을 바들바들 떨며 거품을 뱉어냈다. 한밤중에 달려간 병원에서 강력한 항경련 주사를 맞은 다음에야 진정이 되었다. 경련을 멈춘 개는 숨을 헐떡이며 지쳐 쓰러졌다.

병명은 뇌수두증과 뇌수막염이었다. 가련한 이 작은 개에게 왜 이런 병이 찾아온 걸까. 병원 여러 곳을 전전하던 중에 한 의사가 이런 말을 했다. "강아지, 펫숍에서 사셨죠?" 그렇다고 하자 의사가 한숨을 쉬며 말을 이었다. "제리는 어쩌면 태어나지 말았어야 했는데, 아마도 개농장에서 끝끝내 만들어낸 개겠죠. 이렇게 예쁘게 생긴 치와와를 낳게 하려고 근친교배를 했을 테고, 엄마 개는 더 이상 임신과 출산을 할 수 없을 정도로 몸이 약해진 상태에서 새끼를 계속 낳았을 거예요. 유전병이 내려온 거죠."

그 의사의 말을 들은 지 거의 10년이 지난 뒤에야 나는 여전히 반복되고 있는 그 비참한 현장을 눈으로 목격했다. 애견 경매장에서 경매사는 "탈장은 좀 있지만 예쁘다", "천공은 덜 닫혔지만 얼굴은 완벽하다"는 식으로 외모를 앞세워 개를 흥정했다.

외모가 예쁜 개는 50, 100만 원씩 입찰 가격이 올라가고, 기준에 못 미치면 헐값이 매겨지는 환경에서 업자들은 개의 건강 문제 따위는 외면한 채 무분별하게 교배를 시켰을 것이다. 예쁜 개가 나올 때까지, 자신에게 목돈을 가져다줄 존재의 탄생을 기다리면서.

취재 이후 동물병원에 갈 때마다 병을 앓는 수많은 개들을 보며 사람이 지은 죄를 말없는 동물들이 대신 갚고 있다는 생각을 하곤 한다.

번식장부터 경매장을 거쳐 펫숍까지, 반려인이라면 누구나 어떤 시점에서 자신의 개를 대입해볼 수밖에 없을 것 같다. 취재를 하며 나도 그랬다. 번식장에서 삶을 체념한 듯한 어미 개를 만났을 때는 '아, 내 개의 엄마도 어쩌면 이렇게 새끼 낳는 기계처럼 살았을지 모르겠구나' 하는 생각을, 경매사가 버둥거리는 강아지를 치켜들고 가격을 매길 때는 그 강아지의 얼굴에 내 개의 딱한 어린 시절을 겹쳐 보곤 했다.

한국에 살고 있는 660만 마리의 개 가운데 수백만 마리가 이런 여정 끝에 우리 곁에 왔을 것이다. 지인에게서 분양받은 개, 유기견, 펫숍 출신이 아닌 개라고 하더라도 그 개의 엄마 혹은 그 엄마의 엄마는 그 여정을 피하지 못했을 가능성이 높다. 태어난 지 두 달도 채 되지 않아 경매사 손끝에서 흔들리며 가격이 매겨지고, 종이 상자에 담겨 건네지고, '품질'을 확인받고, 간신히 반품을 면해 유리장에 진열되다 가족과 이름을 얻은 개들.

2019년 여름, 우리가 들여다본 이 비정한 세계가 좀 더 널리 알려지면 좋겠다는 생각을 하며 원고를 정리했다. 그래서 번식장의 종·모견이 체념 대신 생기와 자유를 얻기를, 수많은 강아지들이 공장의 인형처럼 생산되어 쏟아지지 않기를, 한 생명을 집에 들이는 일이 어렵고 조심스러운 일이 되기를. 그래서 우리가 앞으로 써야할 기사 가운데 심각하고 가슴 아픈 이야기가 적어진다면 더없이 좋겠다.

봄날으로
가자

 시간이 꽤 지났지만 아직 생생하게 기억나는 것이 있다. 2019년 초여름, 한 펫숍 격리실 안에 갇혀 있던 말티즈다. 조그맣고 까만 눈을 빛내며 나를 향해 꼬리 치던 강아지. 말티즈는 아프거나 반품되는 강아지들을 따로 빼놓는 펫숍 안쪽의 사육장 안에 있었다.

 전염성 질병을 앓고 있어 잠시 다른 개들과 떨어트려 놓았거나 오래도록 팔리지 않아 다시 농장으로 돌아갈 운명의 개였을 것이다. 헝클어진 털이 귀여웠던 녀석은 어떤 이유로 그 안에 들어가게 되었을까. 미처 사정을 파악하기도 전에,

강아지는 하루 만에 어디론가 사라졌다.

2019년 6월과 7월, 취재를 위해 두 곳의 펫숍에서 아르바이트를 했다. 펫숍 잠입 취재는 강렬한 경험이었다. 번식장, 경매장 모두 난생처음 겪는 현장이었지만 펫숍은 그보다는 더 익숙했던 장소였기 때문에 그랬던 것 같다.

충무로를 자주 지나다니던 20대 시절, 나는 아무렇지 않게 펫숍의 쇼윈도 너머로 강아지들을 구경하곤 했다. '인형처럼 작고 귀여운 저 강아지를 한번 쓰다듬어봤으면', '강아지 돌보는 아르바이트가 있다면 하고 싶다' 같은 생각을 했던 기억이 난다.

십수 년이 흐른 뒤 그 바람이 의외의 방식으로 실현된 것이다. 철없던 시절 '강아지들의 천국'이라 생각했던 그곳은 수용소나 다름없었다. 종일 유리장 안에 갇혀 밥 먹을 때와 빗질을 받을 때를 제외하고는 다른 생명과 그 어떤 접촉도 할 수 없는 곳. 감옥보다 못한 환경이었다.

사람의 일도 고됐다. 일주일씩 단 두 곳에서 일한 것뿐이지만, 어린 생명을 뒷바라지하는 일이니 결코 쉬울 리가 없었다. 당시 펫숍의 사장과 고용인도 하루 12시간이 넘도록 일을 하며 애를 쓰고 있었다. 비록 동물을 사고파는 일을 하고 있었지만, 그들도 모두 개를 키우는 반려인이었고 개를 좋아하는 사람들이었다.

그러나 그곳은 상점이었고 개들은 철저히 상품이었다. 상품에 흠집이 나지 않도록 유지하기 위해 전전긍긍했고 한마리라도 더 팔기 위해 교묘한 말을 만들어냈다. 비록 제대로 된 준비 없이 개를 사러 오는 반려인일지라도 사람들 품에 안겨 나간 개들은 그나마 운이 좋은 것이었다. 끝내 반려인을 만나지 못한 개들은 다시 진열장보다 열악한 '어떤 곳'으로 돌아갈 것이다. 도대체 이 시스템은 어디서부터 잘못된 걸까.

두 달간 번식장-경매장-펫숍을 취재하며 우리 곁을 가까이 스친 개들이 있다. 우리는 현장에서 종종 선택의 기로에 놓였다. 경매장에서 처음이자 마지막으로 치와와를 낙찰받았을 때, 감히 구조를 생각했다. 강아지를 그곳에서 데리고 나온다면, 단 한 마리라도 상품으로 사고팔리는 일을 막을 수 있지 않을까 했지만 우리에겐 생각이 너무 많았다. 이렇게 충동적으로 생명을 구조해도 되는 걸까, 경매업자의 지갑만 불리는 꼴이 되지 않을까, 기자로서 현장에 이렇게 개입을 하는 것이 옳은 일일까.

고민은 다른 현장에서도 반복되었다. 불법 번식농장의 허름한 비닐하우스 안 철장이 집이었던 보더콜리 가족은 어떻게 지내고 있을까. 스트레스로 예민해진 어미에게 물려 귀가 찢어졌던 아기 보더콜리는 살아남았을까. 후시딘만 바르면 나을 거라던 농장주는 과연 강아지에게 적절한 치료를 해줬을까. 그날 우리가 데리고 나왔더라면 지금쯤 상처는 다 나았을 텐데.

펫숍 한 곳의 취재를 마친 2019년 6월 말, 뜻하지 않은 '신분 상승'도 한 차례 있었다. 경매장 출입을 위해 동물판매업 사업자를 취득한 것이다. 신소윤 기자는 펫숍의 실장이, 나는 사장이 되었다.

우리가 정한 상호명은 '봄날의 댕댕'이었다. 그동안 우리가 만난 유리장, 철장 속 강아지들에게도 언젠가는 따스한 봄볕이 비칠 날이 오면 좋겠다는 간절한 바람을 펫숍 이름에 녹여낸 것이다.

비록 취재를 위한 펫숍이지만 나중에라도 우리 업체가 반려견 산업에 긍정적 모델이 될 수도 있다는 야무진 꿈도 꾸었다. 더불어 취재 기간 중 우리를 스쳐간 그 수백 마리의 개들만이라도 어딘가에서 '봄날'을 누리고 있길 바라는 마음도 담았다.

자주 이런 상상을 했다. 개가 말을 할 줄 안다면 뭐라고 했을까. 젖먹이 강아지부터 출산에 지친 어미 개, 누군가에게 버려져 철장에 갇힌 개, 도살되어 시장 바닥에 누워 있는 개까지. 도처에서 만난 이 개들이 말을 할 수 있었다면 인간에게 뭐라고 할지 궁금했다.

도와달라고 할까, 꺼내달라고 할까, 어쩌면 저주의 말을 퍼부을지도 모르겠다. 그러나 실제로 우리가 만난 개들은 모두 아무도 탓하지 않고 그저 사람을 반겼다. 두려워도 꼬리를 흔들었고 지친 가운데서도 손을 핥아주었다. 지난 3천여 년간 사람을 사랑하도록 길들여진 존재가 바로 이들이기 때문이다.

이제는 사람이 그 애처로운 사랑에 보답할 차례다. 어려서부터 개를 좋아했지만 개가 사고팔리고, 이용되고, 심지어 먹히는 일이 전혀 낯설지 않았다. 오히려 그런 방식으로 개는 늘 곁에 있어 왔다. 아마도 취재를 통해 반려견 산업을 내밀히 살펴볼 기회가 없었더라면 여전히 이 같은 관성에 젖어 개를 하나의 대상으로만 사랑했을 것이다.

취재 기간 내내 힘들지만 보람찼다. 비록 스트레스를 먹는 것으로 푸느라 몸무게는 늘었지만 인생에 다시없을 경험이었다. 취재 아이디어와 기회를 제공해준 애니멀피플 취재 팀의 조홍섭 선배, 박현철 팀장, 그리고 기획을 단단히 잡아준 안수찬 부장이 없었더라면 불가능한 일이었다. 기사뿐 아니라 텀블벅 후원 기획을 성공적으로 이끌어준 김노경, 남종영 선배와 미디어기획 팀 동료들에게 감사드린다. 그리고 무엇보다 이 모든 과정을 함께한 신소윤 기자에게 고맙다는 말을 전하고 싶다.

번식장-경매장-펫숍으로 이어지는 반려 산업의 실체

선택받지 못한 개의 일생

초판 1쇄 인쇄 2020년 5월 18일
초판 1쇄 발행 2020년 5월 25일

지은이 신소윤, 김지숙
펴낸이 김선식

경영총괄 김은영
기획 한나비 **책임편집** 김은하 **디자인** 심아경 **책임마케터** 박지수
콘텐츠개발3팀장 한나비 **콘텐츠개발3팀** 심아경, 이승환, 김은하
마케팅본부장 이주화 **채널마케팅팀** 최혜령, 권장규, 이고은, 박태준, 박지수, 기명리
미디어홍보팀 정명찬, 최두영, 허지호, 박재현, 김은지, 배시영 **저작권팀** 한승빈, 이시은
경영관리본부 허대우, 하미선, 박상민, 김형준, 윤이경, 김민아, 권송이, 김재경, 최완규, 이우철

펴낸곳 다산북스 **출판등록** 2005년 12월 23일 제313-2005-00277호
주소 경기도 파주시 회동길 357 3층
전화 02-704-1724 **팩스** 02-703-2219 **이메일** dasanbooks@dasanbooks.com
홈페이지 www.dasanbooks.com **블로그** blog.naver.com/dasan_books
종이 한솔피엔에스 **출력·인쇄** 민언프린텍

ISBN 979-11-306-2982-7 (03300)

다산북스(DASANBOOKS)는 독자 여러분의 책에 관한 아이디어와 원고 투고를 기쁜 마음으로 기다리고 있습니다. 책 출간을 원하
는 분은 다산북스 홈페이지 '투고원고'란으로 간단한 개요와 취지, 연락처 등을 보내주세요. 머뭇거리지 말고 문을 두드리세요.